30일 완성!!

한자능력검정시험

권주연 지음 | 정후수 감수

8급

KB243736

도서출판 장락

 **머리글**

본 교재는 (사)한국어문회가 주관하고 한국한자능력검정회에서 시행하는 한자자격 급수별 시험에 대비하여 엮은 것입니다. 漢字를 공부하는 학생이나 사회인들에게 漢字語의 이해와 활용능력을 신장시켜 폭넓은 사고력을 증진시키며 국어의 올바른 사용과 교과서 한자어의 이해력을 도와 학습능력을 향상시키는 데 목적을 두고 엮은 문제집입니다.

사람들은 한문 공부가 어렵고 따분하다는 선입견을 갖고 있습니다. 필자는 대학 강단에서 이런 문제로 어려움을 호소해오는 수많은 학생들을 대하면서 재미있고도 쉽게 공부하며 한자시험 자격증을 딸 수 있는 교재를 만들어보고자 연구를 하였습니다.

본 교재는 한자능력검정시험에 응시하고자 하는 학생들이나 사회인들이 보다 쉽고 효율적으로 학습할 수 있도록 기존의 교재들과는 전혀 다른 새로운 형식을 시도하였습니다. 즉 자격시험에 대비하여 기초부터 실전 모의고사 문제까지의 과제를 30일 과정으로 나누어 구성을 하였습니다. 본 교재에서 제시한 30일 과정의 과제를 하루하루 꾸준히 성실하게 실천해 나간다면 틀림없이 합격의 영광을 얻을 수 있을 것입니다.

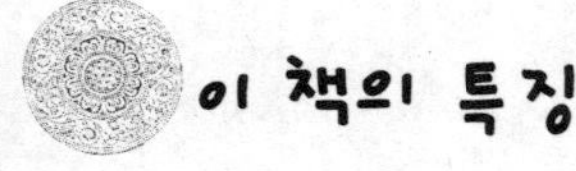 **이 책의 특징**

1. 기초학습에서는 六書와 部首를 실어 한자 학습의 기초를 다졌습니다.
2. 2004년부터 시행되는 필순 유형에 대비하여 배정한자마다 筆順을 표시해주어 정확한 한자를 익힐 수 있도록 쓰기 연습란을 두었습니다. 본 교재에서 정해준 과제대로 매일 쓰기연습을 하면 지루하지 않게 정확한 漢字 익히기를 할 수 있습니다.
3. 유형별 기출문제 실전연습에서는 최근 기출문제를 유형별로 완전 분석하여 출제함으로써 본 시험에 철저히 대비할 수 있도록 하였습니다.
4. 실전 모의고사 문제는 최근 기출문제를 분석하여 본시험에 가깝게 난이도를 조정하여 총 8회까지 엮었습니다. 출제된 문제들은 모두 급수별 실제 문항수와 같으며 정답과 답안지는 별도로 마련하였습니다. 실전모의고사 문제를 풀 때에는 본 시험에서 사용하는 것과 같은 답안지를 잘라 사용하도록 함으로써 한자능력검정시험에 대한 적응력을 배려하였습니다.

본 교재는 한자능력검정시험을 대비하여 가장 많은 문제를 수록한 대표적인 수험서라고 할 수 있습니다. 한자능력검정시험에 응시하고자 하는 학생들이나 사회인들에게 좋은 동반자가 될 수 있을 것이라 확신합니다. 본 교재로 목적하시는 바의 성과를 거두시기 바랍니다.

 차례

한자능력검정시험안내

❈ 한자능력검정시험이란

  사단법인 한국어문회가 주관하고 한국한자능력검정회가 시행하는 국내 최고의 한자능력검정시험입니다. 1992년 12월 9일, 제1회 시험을 시작으로 2001년 1월 1일 이후 국가공인 자격시험(1급~3급Ⅱ)으로 치러지고 있습니다. 한자 급수제를 통해 개인별 한자능력을 객관적으로 평가하고 이를 인정하여 진학과 취업 시험 등에 활용할 수 있도록 하는 데 그 목적이 있습니다.
  한자능력검정시험은 초·중·고·대학생과 일반인이 꼭 알아야 할 교육용 한자에 기준을 두고 급수를 나누었습니다. 교육목적급수는 4급부터 8급이며, 국가공인급수는 1급부터 3급Ⅱ로 구분하고 있으며 1년에 3회 치러집니다.

❈ 응시자격은

■ 제한이 없으며 자신의 능력에 맞게 급수를 선택하여 응시할 수 있습니다.
■ 모든 급수의 검정 시험이 동시에 시행되므로 여러 급수를 동시에 중복해서 응시할 수 없습니다.

❈ 시험일정(2005년)

시 행 회	29회		30회		31회	
	교육급수 (4급-8급)	공인급수 (1급-3급Ⅱ)	교육급수 (4급-8급)	공인급수 (1급-3급Ⅱ)	교육급수 (4급-8급)	공인급수 (1급-3급Ⅱ)
인터넷접수	2005.03.07 ~10	2005.03.14 ~17	2005.06.07 ~10	2005.06.13 ~16	2005.09.12 ~15	2005.09.20 ~23
방문접수	2005.03.23 ~25	2005.03.28 ~30	2005.06.22 ~24	2005.06.27 ~29	2005.09.28 ~30	2005.10.04 ~06
시험일시	2005.04.30 15:00	2005.05.07 15:00	2005.07.30 15:00	2005.08.06 15:00	2005.11.05 15:00	2005.11.12 15:00
합격발표	2005.05.30 00:00	2005.06.02 00:00	2005.08.29 00:00	2005.09.06 00:00	2005.12.05 00:00	2005.12.12 00:00

※ 교육급수는 4급~8급, 공인급수는 1급~3급Ⅱ입니다.

※ 위 일정은 사정상 변경될 수 있습니다.

※ 인터넷 접수시간은 시작일 09시~인터넷 접수 마감일 24시입니다.

漢·字·能·力·檢·定·試·驗

✿ 접수방법

❶ 창구접수

· 응시급수 선택 – 급수배정을 참고하여 본인에게 맞는 급수를 선택합니다.
· 원서작성 준비물 – 반명함판 사진(3×4㎝) 3매, 급수증 수령주소, 주민등록 번호, 이름(한글·한자), 응시료(현금)
· 원서작성과 접수 – 정해진 양식의 원서를 작성하여 접수창구에 응시료와 함께 제출하고 수험표를 받습니다.

❷ 1급 우편접수

· 원서작성 준비물 – 반명함판 사진(3 x 4㎝) 3매, 급수증 수령주소, 주민등록 번호, 이름(한글·한자), 응시료 우편환(35,000원), 항시 연락 가능한 연락처, 희망 응시 고사장
· 준비물 등기발송 – 주소 : (137-879) 서울특별시 서초구 서초1동 1627-1 교대벤처타워 401호 한국한자능력 검정회 1급 접수 담당자

✿ 시험시간/검정료

구분	1급	2급~3급Ⅱ	4급	4급Ⅱ	5급	6급	6급Ⅱ~8급
시험시간	90분	60분	50분	50분	50분	50분	50분
검정료	35,000원	15,000원	11,000원	11,000원	11,000원	11,000원	10,000원

※ 인터넷 접수 결제액은 검정료+접수수수료(1,000원)입니다.

✿ 합격기준

구분	1급	2급~3급Ⅱ	4급~5급	6급	6급Ⅱ	7급	8급
출제문항수	200	150	100	90	80	70	50
합격문항수	160	105	70	63	56	49	35

※ 합격자 발표, 답안작성 방법, 시상기준, 우대사항 등 자세한 내용은 인터넷 www.hangum.re.kr과 www.hanja.re.kr에서 볼 수 있습니다.

❋ 급수배정

급 수	수준 및 특성
8급	읽기 50자, 쓰기 없음 미취학생이나 초등학생의 학습동기 부여를 위한 급수
7급	읽기 150자, 쓰기 없음 한자공부를 처음 시작하는 분을 위한 초급단계
6급Ⅱ	읽기 300자, 쓰기 50자 한자 쓰기를 시작하는 첫 급수
6급	읽기 300자, 쓰기 150자 기초 한자 쓰기를 시작하는 급수
5급	읽기 500자, 쓰기 300자 학습용 한자 쓰기를 시작하는 급수
4급Ⅱ	읽기 750자, 쓰기 400자 5급과 4급의 격차를 해소하기 위한 급수
4급	읽기 1,000자, 쓰기 500자 초급에서 중급으로 올라가는 급수
3급Ⅱ	읽기 1,500자, 쓰기 750자 4급과 3급의 격차를 해소하기 위한 급수
3급	읽기 1,817자, 쓰기 1,000자 신문 또는 일반 교양어를 읽을 수 있는 수준
2급	읽기 2,355자, 쓰기 1,817자 일상 한자어를 구사할 수 있는 수준
1급	읽기 3,500자, 쓰기 2,005자 국한혼용 고전을 불편 없이 읽고, 공부할 수 있는 수준

❋ 출제유형

급수	1급	2급	3급	3급II	4급	4급II	5급	6급	6급II	7급	8급
읽기 배정 한자	3,500	2,355	1,817	1,500	1,000	750	500	300	300	150	50
쓰기 배정 한자	2,005	1,817	1,000	750	500	400	300	150	50	0	0
독음(讀音)	50	45	45	45	30	35	35	33	32	32	24
훈음(訓音)	32	27	27	27	22	22	23	22	29	30	24
장단음(長短音)	10	5	5	5	5	0	0	0	0	0	0
반의어(反義語)	10	10	10	10	3	3	3	3	2	2	0
완성형(完成型)	15	10	10	10	5	5	4	3	2	2	0
부수(部首)	10	5	5	5	3	3	0	0	0	0	0
동의어(同義語)	10	5	5	5	3	3	3	2	0	0	0
동음이의어(同音異義語)	10	5	5	5	3	3	3	2	0	0	0
뜻풀이	10	5	5	5	3	3	3	2	2	2	0
필순(筆順)	0	0	0	0	0	0	3	3	3	2	2
약자(略字)·속자(俗字)	3	3	3	3	3	3	3	0	0	0	0
한자(漢字)쓰기	40	30	30	30	20	20	20	20	10	0	0

※ 상위급수 한자는 하위급수 한자를 모두 포함하고 있습니다.
※ 쓰기 배정 한자는 한두 급수 아래의 읽기 배정한자이거나 그 범위 내에 있습니다.

❋ 합격자 우대사항

■ 초·중·고등학교 학교생활기록부 등재

급수	효력	생활기록부
1급~3급 II	국가공인자격증	'자격증' 란
4급~8급	민간자격증	'세부사항' 란

校	학교	교	萬	일만	만
教	가르칠	교	母	어미	모
九	아홉	구	木	나무	목
國	나라	국	門	문	문
軍	군사	군	民	백성	민
金	쇠	금 / 성 김	白	흰	백
南	남녘	남	父	아비	부
女	계집	녀	北	북녘	북
年	해	년	四	넉	사
大	큰	대	山	메	산
東	동녘	동	三	석	삼
六	여섯	륙	生	날	생

漢字	訓	音	漢字	訓	音
西	서녘	서	日	날	일
先	먼저	선	長	긴	장
小	작을	소	弟	아우	제
水	물	수	中	가운데	중
室	집	실	靑	푸를	청
十	열	십	寸	마디	촌
五	다섯	오	七	일곱	칠
王	임금	왕	土	흙	토
外	바깥	외	八	여덟	팔
月	달	월	學	배울	학
二	두	이	韓	한국/나라	한
人	사람	인	兄	형	형
一	한	일	火	불	화

D-30

육 서 六書

한자 학습의 구조

| 육서六書 |

모양(形;형)·소리(音;음)·뜻(意;의)의 세 가지 요소로 형성된 한자(漢字)는 처음에는 간단한 회화(그림)에서 출발하였다. 그러나 오랜 세월이 지나면서 늘어나는 사물과 복잡해지는 생각을 나타내기 위하여 글자의 수가 많아지고 복잡하게 되었다. 후한시대 허신이 『설문해자(說文解字)』라는 책을 지어 당시까지 사용하던 9,300여 글자의 구성원리를 비교하여 설명하였다. 허신은 이 책에서 모든 한자의 구성원리를 상형문자(象形文字), 지사문자(指事文字), 회의문자(會意文字), 형성문자(形聲文字), 전주문자(轉注文字), 가차문자(假借文字) 등 여섯 가지로 나누어 설명하였는데 이것이 곧 육서(六書)이다. 이러한 육서는 한자를 배우고 이해하는 데 기본이 되므로 반드시 익혀 두어야 한다.

父生我身 母鞠吾身　아버지께서 나를 낳으시고, 어머니께서 나를 기르셨습니다. ―『사자소학四字小學』

D-30 육 서六書

(1) 상형문자象形文字

　상형(象;모양 상, 形;모양 형)은 이름 그대로 사물의 모양을 있는 그대로 본떠서 만든 글자로서 한자가 만들어지는 구성 원리 중에서 가장 기본이 된다. 이는 문자가 처음에는 실제 사물의 모양을 본떠 그리는 데서 시작되었음을 의미한다. 이 방식은 구체적 사물의 특징적인 면을 두드러지게 나타냄으로써 사람들로 하여금 쉽게 알아볼 수 있게 한 것이다. 상형문자는 달, 해, 물, 불처럼 당대 사람들의 일상생활에서 중요한 의미를 갖는 것들이다.

⊙ ⊟ 日 날 일　　해의 둥근 모습을 본뜬 글자

☽ ☽ 月 달 월　　달이 이지러진 모습을 본뜬 글자

火 炎 火 불 화　　불이 타오르는 모양을 본뜬 글자

巛 巛 川 내 천　　물이 흐르는 모양을 본뜬 글자

人 人 人 사람 인　두 발로 걸어가는 사람의 옆모양을 본뜬 글자

(2) 지사문자指事文字

　'어떤 일(事;일 사)'을 '가리키다(指;가리킬 지)'는 뜻을 가진 지사(指事)는, 구체적인 모양으로 나타낼 수 없는 관념적이고 추상적인 것 등을 점(·)이나 선(一)을 이용하여 나타낸 글자를 말한다.

D-30

육 서 六書

간단한 선(─)으로 이루어진 지사문자

一 一 **한 일** 하나의 선(−)을 옆으로 그어 '하나'라는 뜻을 나타냈다.

二 二 **두 이** 두 개의 선(−)을 옆으로 그어 '둘'이라는 뜻을 나타냈다.

本 本 **근본 본** 나무 모양에 선(−)을 그어 '근본'이라는 뜻을 나타냈다.

점(ㆍ)과 간단한 선(─)으로 이루어진 지사문자

上 上 **위 상** 선(−) 위에 점 하나를 찍어 '위'라는 뜻을 나타냈다.

下 下 **아래 하** 선(−) 아래에 점 하나를 찍어 '아래'라는 뜻을 나타냈다.

(3) 회의문자會意文字

기존에 만들어진 상형(象形) 문자와 지사(指事) 문자들을 둘 이상 결합(會;모을 회)하여 그 뜻(意;뜻 의)이 반영된 새로운 의미를 나타내는 글자를 일컫는다.

明 **밝을 명** 日(날 일) + 月(달 월)

해와 달이 결합하여 '밝다'라는 뜻을 나타냈다.

好 **좋을 호** 女(계집 녀) + 子(아들 자)

어머니가 아이를 안고 좋아하는 모습에서 '좋다'라는 뜻을 나타냈다.

林 **수풀 림** 木(나무 목) + 木(나무 목)

나무와 나무가 합쳐져서 나무가 많은 '수풀'이라는 뜻을 나타냈다.

腹以懷我 乳以哺我 어머님께서는 나를 배에다 품어주시고, 젖을 먹여주셨습니다. ─『사자소학四字小學』

D-30

육 서六書

男 **사내 남**　田(밭 전) + 力(힘 력)

남자는 밭에서 힘을 쓰며 열심히 일하는 사람이므로 둘을 결합하여 나타냈다.

(4) 형성문자形聲文字

형성(形聲) 문자 역시 회의(會意) 문자처럼 두 가지 요소로 이루어진 글자이다. 이는 뜻글자인 한자(漢字)가 점점 복잡해져가는 수많은 뜻들을 상형(象形)이나 지사(指事)의 원리로만 만드는 것에 한계가 있기 때문에 만들어진 문자 원리이다. 하지만 형성은 회의처럼 의미간의 결합이 아니라, 뜻을 나타내는 부분[形]과 음을 나타내는 부분[聲]이 합쳐져 이루어진 것이다.

형성은 오늘날 쓰이고 있는 한자의 80% 이상으로서 가장 많은 수를 차지한다. 따라서 형성의 원리를 잘 이해하면 한자를 이해하는 데 많은 도움이 된다. 형성 문자에서는 뜻 부분이 부수(部首)이고 음 부분이 몸이 된다.

問 **물을 문**　뜻 : 口(입 구) + 음 : 門(문 문)

입으로 물어본다는 데서 口가 뜻을 나타내고, 소리 부분인 門이 합하여 만들어진 글자이다.

清 **맑을 청**　뜻 : 水(물 수) + 음 : 靑(푸를 청)

물이 맑다는 데서 물을 나타내는 氵와, 소리 부분인 靑이 합하여

D-30

육 서 六書

만들어진 글자이다.

記　기록할 기　뜻 : 言(말씀 언) + 음 : 己(몸 기)

　　말씀을 기록한다는 뜻에서 言과, 소리 부분인 己가 합하여 만
　　들어진 글자이다.

(5) 전주문자 轉注文字

　전주(轉注)는 바퀴가 떼굴떼굴 굴러가듯이(轉;구를 전), 물을 이 그릇에서 저 그
릇으로 따라 부으면 모양이 달라지듯이(注;물댈 주) 한자가 그 본래의 뜻에서 그
와 관련이 있는 다른 뜻으로 전용되는 것을 말한다. 즉, 본래의 의미가 확대되
어 전혀 다른 뜻과 음으로 사용된다.

樂　노래 **악** → 즐거울 **락** → 좋아할 **요**

　　처음에는 '노래 악' 자였는데 노래를 들으면 마음이 즐겁기 때문에 '즐겁
　　다'라는 뜻이 나왔고, 음악을 좋아한다는 데서 '좋아한다'는 뜻이 나왔
　　다. 발음 역시 뜻이 달라지면서 변하였다.

惡　악할 **악** → 미워할 **오**

　　처음에는 '악할 악'이었는데 악한 것은 누구나 미워하게 되어 '미워하다'
　　라는 뜻이 나왔다. 발음 역시 뜻이 달라지면서 변하였다.

更　고칠 **경** → 다시 **갱**

以衣溫我　以食飽我　　옷을 입혀 따뜻하게 해주시고, 밥을 먹여 배부르게 해주셨습니다. ―「사자소학四字小學」

육 서 六書

처음에는 '고칠 경'이었는데 고칠 것은 다시 해야 된다는 데서 '다시'라는 뜻이 나왔다. 발음 역시 뜻이 달라지면서 변하였다.

(6) 가차문자 假借文字

뜻글자인 한자(漢字)는 처음부터 본래의 음과 뜻이 정해져 있는 글자이므로 소리글자인 한글과 달리 세계 여러 나라의 글자를 일일이 다 표기할 수가 없다. 따라서 어떤 뜻을 나타내는 글자가 없을 때 원래의 뜻과는 상관없이 음이 같거나 형태가 비슷한 글자를 잠시(假;잠시 가) 빌려서(借;빌릴 차) 쓰는 글자를 가차(假借) 문자라고 한다.

弗　아닐 불

　'$(달러)'를 한자(漢字)로는 표시할 수 없기 때문에 모양이 비슷한 弗자를 빌려와서 화폐의 단위로 쓰는 글자이다.

可口可樂　가능할 가, 입 구, 가능할 가, 즐거울 락

　'코카콜라'를 의미하는 글자이다. 콜라를 마시면 맛이 있기 때문에 입이 즐거워진다는 뜻과 맞아 떨어지고 음도 '코카콜라'와 비슷하게 만들었다.

亞細亞　버금 아, 가늘 세, 버금 아

　'Asia(아시아)'라는 외래어를 표기하기 위해서 발음만 빌려온 글자이다.

육 서 六書

만들어진 글자이다.

記 **기록할 기**　뜻 : 言(말씀 언) + 음 : 己(몸 기)

말씀을 기록한다는 뜻에서 言과, 소리 부분인 己가 합하여 만들어진 글자이다.

(5) 전주문자轉注文字

전주(轉注)는 바퀴가 떼굴떼굴 굴러가듯이(轉;구를 전), 물을 이 그릇에서 저 그릇으로 따라 부으면 모양이 달라지듯이(注;물댈 주) 한자가 그 본래의 뜻에서 그와 관련이 있는 다른 뜻으로 전용되는 것을 말한다. 즉, 본래의 의미가 확대되어 전혀 다른 뜻과 음으로 사용된다.

樂 **노래 악 → 즐거울 락 → 좋아할 요**

처음에는 '노래 악' 자였는데 노래를 들으면 마음이 즐겁기 때문에 '즐겁다' 라는 뜻이 나왔고, 음악을 좋아한다는 데서 '좋아한다' 는 뜻이 나왔다. 발음 역시 뜻이 달라지면서 변하였다.

惡 **악할 악 → 미워할 오**

처음에는 '악할 악' 이었는데 악한 것은 누구나 미워하게 되어 '미워하다' 라는 뜻이 나왔다. 발음 역시 뜻이 달라지면서 변하였다.

更 **고칠 경 → 다시 갱**

以衣溫我　以食飽我　　옷을 입혀 따뜻하게 해주시고, 밥을 먹여 배부르게 해주셨습니다. ―『사자소학四字小學』

D-30 육 서六書

처음에는 '고칠 경'이었는데 고칠 것은 다시 해야 된다는 데서 '다시'라는 뜻이 나왔다. 발음 역시 뜻이 달라지면서 변하였다.

(6) 가차문자假借文字

뜻글자인 한자(漢字)는 처음부터 본래의 음과 뜻이 정해져 있는 글자이므로 소리글자인 한글과 달리 세계 여러 나라의 글자를 일일이 다 표기할 수가 없다. 따라서 어떤 뜻을 나타내는 글자가 없을 때 원래의 뜻과는 상관없이 음이 같거나 형태가 비슷한 글자를 잠시(假;잠시 가) 빌려서(借;빌릴 차) 쓰는 글자를 가차(假借) 문자라고 한다.

弗 **아닐 불**

'$(달러)'를 한자(漢字)로는 표시할 수 없기 때문에 모양이 비슷한 弗자를 빌려와서 화폐의 단위로 쓰는 글자이다.

可口可樂 **가능할 가, 입 구, 가능할 가, 즐거울 락**

'코카콜라'를 의미하는 글자이다. 콜라를 마시면 맛이 있기 때문에 입이 즐거워진다는 뜻과 맞아 떨어지고 음도 '코카콜라'와 비슷하게 만들었다.

亞細亞 **버금 아, 가늘 세, 버금 아**

'Asia(아시아)'라는 외래어를 표기하기 위해서 발음만 빌려온 글자이다.

부 수 部首

| 부수部首 |

부수(部首)란, 한자의 구성을 일정한 기준에 따라 분류한 것으로서 자전에서 글자를 찾는 길잡이가 되는 글자의 한 부분을 말한다. 주로 상형(象形)자와 지사(指事)자로 이루어져 있다.

또한 한자의 뜻과 밀접한 관계를 가지고 있어서, 한자의 부수를 알면 그 뜻을 짐작할 수 있다. 예를 들어 '목(木)'이 부수인 한자의 뜻은 대체로 나무의 종류나, 나무로 만든 물건과 관계가 있다.

대부분의 한자는 '부수'와 '몸'으로 이루어져 있는데, '몸'은 각 글자에서 부수를 뺀 나머지 부분을 말한다. 한편 부수만으로 된 한자는 '제부수자'라고 한다.

한자의 글자꼴을 살펴보면, 부수는 항상 한 글자의 형태 속에서 일정한 위치에 있음을 알 수 있다. 이러한 부수의 위치는 한자를 기억하고 습득하는 데 필요한 학습 요소가 될 수 있다. 부수는 1획에서 17획까지 모두 214자가 있는데 놓이는 위치에 따라 명칭도 다르다.

恩高如天　德厚似地　부모님의 은혜는 하늘과 같이 높고 땅과 같이 두텁습니다. —『사자소학四字小學』

D-29 부 수 部首

(1) 위치에 따른 부수의 명칭

변 부수가 글자의 구성에서 왼쪽을 이룰 때 붙이는 명칭이다.

　예 休(쉴 휴) 부수는 人으로 '인변'이라 부른다.

방 부수가 글자의 구성에서 오른쪽을 이룰 때 붙이는 명칭이다.

　예 郡(고을 군) 부수는 阝으로 '우부방'이라고 한다.

발 부수가 글자의 구성에서 아랫부분을 이룰 때 붙이는 명칭이다.

　예 然(그럴 연) 부수는 아래에 붙은 火(灬)로 명칭은 '연화발'이라
고 한다.

엄 부수가 글자의 구성에서 위와 왼쪽을 덮어씌울 때 붙이는 명칭이다.

　예 座(앉을 좌) 부수는 广으로 명칭은 '엄호'이다.

받침 부수가 글자의 구성에서 왼쪽 위에서 내려와 아랫부분을
받쳐 줄 때 붙이는 명칭이다.

　예 道(길 도) 부수는 辶으로 명칭은 '책받침'이라고 한다.

에운담 부수가 글자의 구성에서 둘레를 감쌀 때 붙이는 명칭이다.

　예 匹(짝 필) 부수는 匚로 명칭은 '터진 에운담'이라고 한다.

부 수 部首

 **머리** 부수가 글자의 구성에서 위를 이룰 때 붙이는 명칭이다.

예 家(집 가) 부수는 宀으로 명칭은 '갓머리'라고 한다.

(2) 부수의 변형

한자의 부수는 경우에 따라서 원래의 모습을 지니지 않고 놓이는 위치에 따라 모양이 달라지는 경우가 많이 있다. 이것은 부수가 글자에 포함될 때 변형되기 때문이다. 어떤 부수들은 글자의 모양을 보기 좋고 간단하게 하기 위해 그 획의 일부가 생략된 채로 사용된다. 부수의 원래 글자와 변형된 모양은 둘 다 정확히 익혀두어야 한다.

人(亻) 사람과 관련된 것. 예 仁(어질 인), 休(쉴 휴)

刀(刂) 칼과 관련된 것. 예 分(나눌 분), 利(이할 리)

手(扌) 손과 관련되거나 손으로 하는 동작. 예 拾(주울 습), 打(칠 타)

水(氵) 물이나 액체와 관련된 것. 예 江(강 강), 流(흐를 류)

艸(艹) 식물과 관련된 것. 예 草(풀 초), 英(꽃부리 영)

爲人子者 曷不爲孝 그러므로 사람이 어찌 부모에게 효도를 하지 않을 수 있겠습니까. —『사자소학四字小學』

D-29

부 수 部首

心(忄)　마음과 관련된 것.　예 心(마음 심), 情(뜻 정)

犬(犭)　동물, 동물의 성질, 짐승과 관련된 것.　예 犬(개 견), 獨(홀로 독)

辵(辶)　가는 것과 관련된 것.　예 進(나아갈 진), 道(길 도)

肉(月)　살, 신체의 일부.　예 育(기를 육), 肥(살찔 비)

攵(攴)　두드리는 것과 관련된 것.　예 政(정사 정), 改(고칠 개)

王(玉)　구슬과 관련된 것.　예 珍(보배 진), 珥(귀고리 이)

示(礻)　신(神)과 관련된 것.　예 神(귀신 신), 祭(제사 제)

衣(衤)　옷과 관련된 것.　예 被(입을 피), 裏(속 리)

阝(邑)　고을이나 행정구역과 관련된 것.　예 郡(고을 군), 邦(나라 방)

阝(阜)　언덕과 관련된 것.　예 陸(뭍 륙), 防(막을 방)

D-28

독 음 讀音

1 독음讀音

| 한자어漢字語 독음讀音 익히기 |

ㄱ 으로 시작하는 漢字

校門 (　　) 학교의 문
教生 (　　) 교육실습생
教室 (　　) 학생들이 공부하는 방
九月 (　　) 일년 중 아홉 번째 달
國民 (　　) 나라의 백성
軍人 (　　) 군인

ㄴ 으로 시작하는 漢字

南東 (　　) 남쪽과 동쪽
南門 (　　) 남쪽의 문
南北 (　　) 남쪽과 북쪽
南山 (　　) 남쪽에 있는 산

정답 ■ ㄱ 교문 교생 교실 구월 국민 군인　ㄴ 남동 남문 남북 남산

欲報深恩 昊天罔極　부모님의 깊은 은혜를 갚으려 해도 높은 하늘처럼 끝이 없습니다. ―『사자소학四字小學』

D-28

쓰기書

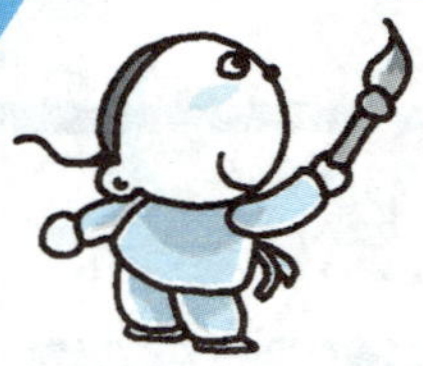

校	一 十 才 木 术 栌 栌 栌 桥 校
학교 교 (木 총10획)	

教	ノ メ 二 チ 孝 孝 孝 彰 教
가르칠 교 (攵 총11획)	

九	ノ 九
아홉 구 (乙 총2획)	

國	丨 冂 冂 冃 同 同 冝 國 國 國
나라 국 (口 총11획)	

軍	ノ 宀 冖 冖 戸 戸 宜 軍
군사 군 (車 총9획)	

金	ノ 人 스 슬 수 全 余 金
쇠 금/성 김 (金 총8획)	

南	一 十 宁 内 内 甬 甬 南
남녘 남 (十 총9획)	

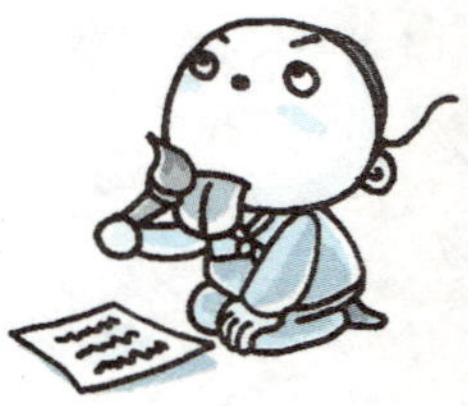

D-27

독 음 讀音

ㄷ 으로 시작하는 漢字

大王 (　　) 임금
大學 (　　) 교육기관의 하나
大韓 (　　) 큰 나라
東門 (　　) 동쪽 문
東西 (　　) 동쪽과 서쪽

ㅂ 으로 시작하는 漢字

父母 (　　) 아버지와 어머니
父王 (　　) 아버지인 임금
父兄 (　　) 아버지와 형

父母呼我　唯而趨進　부모님께서 나를 부르시면, 빨리 대답하고 달려 나가야 합니다. —『사자소학四字小學』

D-27

쓰기 書

女 계집 녀 (女 총3획)	ㄴ ㄴ 女			

年 해 년 (干 총6획)	ノ ト ニ 午 丘 年			

大 큰 대 (大 총3획)	一 ナ 大			

東 동녘 동 (木 총8획)	一 ㄱ 币 币 百 車 東 東			

六 여섯 륙 (八 총4획)	丶 ㅗ 亠 六			

萬 일만 만 (艹/艸 총13획)	丶 ㅗ 艹 艹 艿 芎 昔 苩 莒 莒 萬 萬 萬			

母 어미 모 (母 총5획)	ㄴ 囚 囚 囚 母			

D-26

독 음 讀音

ㅅ 으로 시작하는 漢字

山水 （　　） 산과 물

三年 （　　） 횟수로 세 해

三日 （　　） 세 번째 날/사흘

三寸 （　　） 아버지의 형제

生母 （　　） 자기를 낳은 어머니

生日 （　　） 태어난 날

先山 （　　） 조상의 무덤이 있는 곳

先生 （　　） 학생을 가르치는 사람

小人 （　　） 작은 사람

十年 （　　） 열 번째 해

十日 （　　） 열흘

정답 ■ ㅅ 산수　삼년　삼일　삼촌　생모　생일　선산　선생　소인　십년　십일

有命必從　勿逆勿怠　부모님이 말씀하시면 반드시 따르고, 거절하거나 게으름을 피우지 말아야 합니다. ―「사자소학四字小學」

D-26 쓰기書

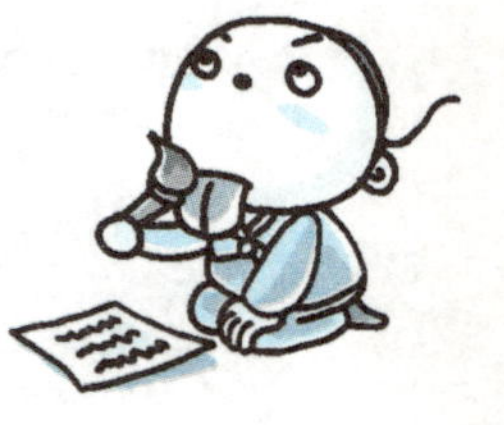

木 나무 목 (木 총4획)	一 十 才 木				
門 문 문 (門 총8획)	丨 𠃌 戶 戶 戶' 門 門 門				
民 백성 민 (氏 총5획)	ㄱ ㄱ 尸 F 民				
白 흰 백 (白 총5획)	′ 亻 白 白 白				
父 아비 부 (父 총4획)	′ ハ ク 父				
北 북녘 북 (匕 총5획)	丨 十 ㅓ 北 北				
四 넉 사 (口 총5획)	丨 冂 冋 四 四				

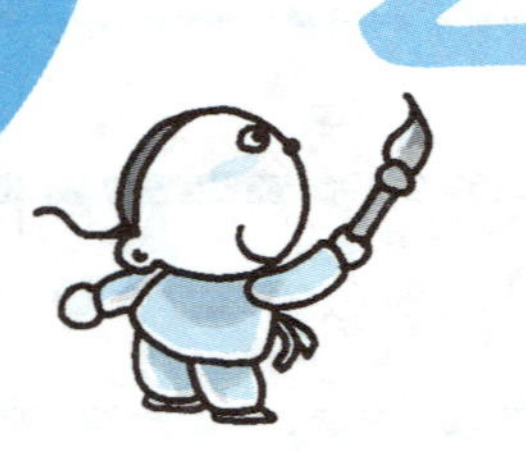

D-25

독음讀音

ㅇ 으로 시작하는 漢字

女軍 (　　)　여자 군인

女王 (　　)　여자 왕

五日 (　　)　다섯 번째 날/닷새

王國 (　　)　임금이 다스리는 나라

王室 (　　)　임금의 집안

外國 (　　)　자기 나라가 아닌 다른 나라

六月 (　　)　한 해의 여섯 번째 달

六日 (　　)　여섯 번째 날/엿새

六寸 (　　)　사촌의 아들 딸 끼리의 관계

人生 (　　)　사람이 이 세상에 살아 있는 동안

日月 (　　)　해와 달

一月 (　　)　한 해의 첫 번째 달

ㅈ 으로 시작하는 漢字

長大 (　　)　길고 큼

父母責之　勿怒勿答　부모님께서 꾸짖더라도, 성내지 말고 말대답하지 말아야 합니다. —『사자소학四字小學』

D-25

쓰 기 書

山	ㅣ 山 山				
메 산 (山 총3획)					

三	一 二 三				
석 삼 (一 총3획)					

生	ノ ト 一 牛 生				
날 생 (生 총5획)					

西	一 「 冂 丙 西 西				
서녘 서 (襾 총6획)					

先	ノ ト 一 牛 生 先				
먼저 선 (儿 총6획)					

小	ㅣ 小 小				
작을 소 (小 총3획)					

水	ㅣ 기 水 水				
물 수 (水 총4획)					

D-24

독음 讀音

ㅊ 으로 시작하는 漢字

靑年 （　　） 젊은 사람

靑山 （　　） 풀과 나무가 무성한 푸른 산

七十 （　　） 일흔

七月 （　　） 일년 중 일곱 번째 달

ㅌ 으로 시작하는 漢字

土地 （　　） 땅

ㅍ 으로 시작하는 漢字

八寸 （　　） 아버지 육촌의 자녀와의 촌수

ㅎ 으로 시작하는 漢字

學校 （　　） 교육을 시행하는 기관

學年 （　　） 1년간의 학기에 따라 구별한 단계

學父母 （　　） 학생의 아버지와 어머니

學生 （　　） 학교에 다니면서 공부하는 사람

兄弟 （　　） 형과 아우

정답 ■ㅇ 청년 청산 칠십 칠월 ㅌ 토지 ㅍ 팔촌 ㅎ 학교 학년 학부모 학생 형제

侍坐親前 勿踞勿臥 　어버이를 모시고 앞에 앉아 있을 적엔, 다리를 뻗거나 눕지 말아야 합니다. ―『사자소학四字小學』

D-24 쓰기書

室	
집 실 (宀 총9획)	`丶 丶 宀 宀 宇 宑 室 室 室`

十	
열 십 (十 총2획)	`一 十`

五	
다섯 오 (二 총4획)	`一 丁 五 五`

王	
임금 왕 (玉 총4획)	`一 二 干 王`

外	
바깥 외 (夕 총5획)	`丿 クタ 外 外`

月	
달 월 (月 총4획)	`丿 刀 月 月`

二	
두 이 (二 총2획)	`一 二`

D-23

독 음讀音

| 독음 쓰기 기출 예상문제 |

독음(讀音) 쓰기는 한자(漢字)나 한자어(漢字語)의 음을 한글로 적는 것입니다. 한자능력검정시험에서 높은 비율로 출제되는 유형으로서 총 50문항 중에서 24문항이 출제됩니다. 앞장에서 나온 '한자어 독음 익히기' 문제를 통해 평소에 반복 연습을 해두면 문제를 푸는 데 많은 도움이 될 것입니다.

독음 쓰기 문제를 풀 때에는 다음과 같은 사항에 주의하세요.

첫째, 독음을 쓸 때에는 반드시 정확한 표기법으로 또박또박 써야 합니다. 국어 표기법에 어긋나는 글자는 오답으로 처리하니 조심하세요. 예를 들어 '十七'을 '십칠'로 정확하게 쓰지 않고 '심칠'로 쓰면 틀리게 됩니다.

둘째, 두음법칙(頭音法則:우리말에 첫머리에 'ㄹ'이나 'ㄴ'이 오는 것을 꺼리는 현상)에 유의하세요. 예를 들어, '女(계집 녀)'가 '子女'로 출제되면 '女'자는 '녀'로 읽어서 '자녀'로 써야 하지만 '女子'로 출제되면 '女'자는 '여'로 읽어서 반드시 '여자'라고 써야 합니다. 간혹 '녀자'로 써서 틀리는 경우가 많으니 조심하세요.

셋째, 평소에 발음하는 대로 표기를 하세요. 예를 들어 '十月'이 출제되면 평소에 발음하는 대로 반드시 '시월'이라고 표기해야 합니다. 간혹 '십월'이라고 써서 틀리는 경우가 많습니다.

위와 같은 주의사항을 잘 기억하고 올바른 답을 쓰세요.

侍坐親側 勿怒責人　어버이를 모시고 앉아 있을 적엔, 남을 꾸짖지 말아야 합니다. —「사자소학四字小學」

D-23

독 음讀音

I . 다음 글을 읽고 漢字(한자)의 讀音(독음:읽는 소리)을 쓰세요.

〈예(例)〉 音 → 음

(1) 한자어로 숫자를 세어 봅시다.

一 　　　 二 　　　 三 　　　 四

五 　　　 六 　　　 七 　　　 八

(2) 요일을 숫자로 써 봅시다.

月 　　 요일 火 　　 요일 水 　　 요일 木 　　 요일

金 　　 요일 土 　　 요일 日 　　 요일

(3) 국경일에 대하여 알아봅시다. 이 날은 모두 태극기를 다는 날입니다.

　■광복절은 팔월 十 　　 오일입니다.

　■제헌절은 칠월에 있습니다. 날짜는 칠월 十七 　　 일입니다. 이 날은 우리나라의 헌법을 만들어 발표한 날입니다.

　■개천절은 10월 3일입니다. 이 날은 단군 王 　　 검께서 나라를 세우신 날입니다. 國 　　 民 　　 모두 이 날을 기념합니다.

　■한글날은 10월 9일입니다. 한글은 세종 大 　　 왕이 발명하였습니다.

D-23

독 음讀音

■ 시월 달에는 國軍 　　 의 날도 있습니다.
■ 나는 사 寸 　　 兄 　　 과 함께 놀이터에서 놀았습니다.

정답 ■ | (1) 일 이 삼 사 오 육 칠 팔　　(2) 월 화 수 목 금 토 일
(3) 십 십칠 왕 국 민 대 국군 촌 형

父母出入　每必起立　부모님께서 나가거나 들어오실 적엔, 반드시 일어서야 합니다. —「사자소학四字小學」

D-23

쓰기 書

人	ノ人				
사람 인 (人 총2획)					

一	一				
한 일 (一 총1획)					

日	丨冂日日				
날 일 (日 총4획)					

長	丨丆FF토툱툱長				
긴 장 (長 총8획)					

弟	丶丷丷丷彐弟弟				
아우 제 (弓 총7획)					

中	丨冂口中				
가운데 중 (丨 총4획)					

靑	一二丰主丰靑靑靑				
푸를 청 (靑 총8획)					

D-22

독음讀音

II. 다음 글을 읽고 漢字(한자)의 讀音(독음:읽는 소리)을 쓰세요.

〈예(例)〉　音 → 음

■ 형은 國　　軍　　입니다.

■ 상윤이는 일요일에 父　　母　　님과 함께 놀이공원에 갔습니다.

■ 미장원에는 女　　자가 많습니다.

■ 兄　　弟　　들은 사이좋게 지내야 합니다.

■ 外　　三　　寸　　과 동화책을 읽었습니다.

■ 教　　室　　에서는 뛰어다니지 말아야 합니다.

■ 先　　生　　님 말씀을 열심히 들어야 합니다.

■ 개천절에는 학교　　에 가지 않고 집에서 大　　門　　에 태극기를 답니다.

■ 상엽이에게는 中　　學　　生　　누나가 있습니다.

■ 전세계 東　　西　　南　　北　　의 사람들이 모여 올림픽 대회를 열었습니다.

정답 ■ II　국군　부모　여　형제　외삼촌　교실
선생　교　대문　중학생　동서남북

出入門戶　開閉必恭　문을 드나들 적엔, 공손히 열고 닫아야 합니다. —『사자소학四字小學』

D-22

독 음 讀音

Ⅲ. 다음 글을 읽고 漢字(한자)의 讀音(독음:읽는 소리)을 쓰세요.

> 〈예(例)〉 音 → 음

■우리나라는 南　　　쪽에는 바다가 많고 北　　　쪽에는 산이 많습니다.

■해는 아침에 東　　　쪽에서 떠서 저녁 때 西　　　쪽으로 집니다.

■아침에 태극기를 門　　　에 달았습니다.

■아침 일찍 어머니와 山　　　에 올라갔습니다.

■월드컵대회에서 大　　　韓　　　民　　　國　　　이 四　　　위를 하였습니다. 우리나라가 日　　　본과 축구경기를 하여 이겼습니다. 국민 모두 기뻐하였습니다.

■軍　　　人　　　아저씨들은 우리나라 국민들을 위하여 밤낮으로 나라를 지키고 있습니다.

■一　　　주일은 七　　　일입니다.

日　　　요일, 月　　　요일, 火　　　요일, 水　　　요일, 木　　　요일, 金　　　요일, 土　　　요일이 있습니다.

■내 생일은 十一　　　월 二十四　　　일입니다.

D-22

쓰 기 書

寸 마디 촌 (寸 총3획)	一 十 寸				
七 일곱 칠 (一 총2획)	一 七				
土 흙 토 (土 총3획)	一 十 土				
八 여덟 팔 (八 총2획)	ノ 八				

口勿雜談　手勿雜戲　　입으로는 잡담을 하지 말고, 손으로는 장난을 하지 말아야 합니다. ─「사자소학四字小學」

D-22

쓰 기 書

學	` ´ ʳ ʳ ʳ ʸ ʸ ᔭ ᔲ ᔲ ᔲ ᔲ ᔲ ᔲ 學 學 學			
배울 학 (子 총16획)				

韓	一 十 古 古 直 卓 卓 卓 卓 卓 韓 韓 韓 韓 韓 韓			
한국/나라 한 (韋 총17획)				

兄	` ᄀ ᄆ ᄆ 兄			
형 형 (儿 총5획)				

火	` ` ʸ 火 火			
불 화 (火 총4획)				

D-21

훈 음訓音

2. 훈訓·음音

| 훈음 쓰기 기출 예상문제 |

훈(訓)·음(音) 쓰기는 글자의 '뜻과 음'을 함께 쓰는 것을 말합니다. 총 50문항 중에서 24문항이 출제되어 독음쓰기와 같이 높은 비중을 차지합니다. 8급 배정한자의 쓰기 연습을 할 때 훈과 음을 익히는 연습을 평소에 철저히 해 두시기 바랍니다.

출제는 세 가지 유형으로 나옵니다.

A형은 단순히 한자의 훈과 음을 묻는 유형입니다. 'ㄱ, ㄴ, ㄷ…' 순서대로 문제를 풀어보면서 단어들을 익히세요. 주의할 점은 반드시 정확한 표기법으로 써야 한다는 것입니다. 예를 들어, '北'을 '북녘 북'이라 하지 않고 '북녁 북'이라고 쓰면 틀립니다.

B형은 〈보기〉형으로 출제되어 맞는 답을 고르는 문제입니다. 모양이 비슷한 한자와 혼동되는 일이 없도록 평소에 정확하게 훈과 음을 익혀두어야 합니다.

C형은 A형과 B형이 복합되어 출제된 유형입니다. 역시 평소에 정확하게 훈과 음을 익혀두어야만 실수 없이 풀 수 있는 문제들입니다. 주의할 점은 반드시 문제를 잘 읽어 본 다음에 답을 써야 한다는 것입니다. 문제에서 뜻을 물어보는 것인지, 한글로 읽으라고 하는 것인지를 혼동하여 답을 틀리게 쓰는 경우가 많습니다.

行勿慢步　坐勿倚身　다닐 때에는 거만하게 걷지 말고, 앉을 때에는 몸을 기대지 말아야 합니다. —「사자소학四字小學」

D-21

훈 음訓音

A. 단순형

■ 다음 漢字(한자)의 訓(훈:뜻)과 音(음:소리)을 쓰세요.

> 〈예(例)〉 音 → [소리 음]

Ⅰ. 音(음:소리)이 'ㄱ'으로 시작되는 漢字(한자)

(1) 敎 (   )   (2) 金 (   )   (3) 軍 (   )

(4) 校 (   )   (5) 九 (   )   (6) 國 (   )

Ⅱ. 音(음:소리)이 'ㄴ'으로 시작되는 漢字(한자)

(1) 女 (   )   (2) 南 (   )   (3) 年 (   )

Ⅲ. 音(음:소리)이 'ㄷ' 또는 'ㄹ'로 시작되는 漢字(한자)

(1) 六 (   )   (2) 大 (   )   (3) 東 (   )

Ⅳ. 音(음:소리)이 'ㅁ'으로 시작되는 漢字(한자)

(1) 木 (   )   (2) 萬 (   )   (3) 民 (   )

(4) 母 (   )   (5) 門 (   )

D-21

훈 음 訓音

Ⅴ. 音(음:소리)이 'ㅂ'으로 시작되는 漢字(한자)

(1) 父 (   )   (2) 白 (   )   (3) 北 (   )

Ⅵ. 音(음:소리)이 'ㅅ'으로 시작되는 漢字(한자)

(1) 十 (   )   (2) 四 (   )   (3) 小 (   )

(4) 山 (   )   (5) 水 (   )   (6) 生 (   )

(7) 室 (   )   (8) 西 (   )   (9) 三 (   )

(10) 先 (   )

Ⅶ. 音(음:소리)이 'ㅇ'으로 시작되는 漢字(한자)

(1) 五 (   )   (2) 月 (   )   (3) 王 (   )

(4) 人 (   )   (5) 二 (   )   (6) 日 (   )

(7) 外 (   )

Ⅷ. 音(음:소리)이 'ㅈ'으로 시작되는 漢字(한자)

(1) 長 (   )   (2) 中 (   )   (3) 弟 (   )

Ⅸ. 音(음:소리)이 'ㅊ'으로 시작되는 漢字(한자)

(1) 寸 (   )   (2) 靑 (   )   (3) 七 (   )

父母衣服　勿踰勿踐　부모님의 의복은, 넘지도 말고 밟지도 말아야 합니다.　—「사자소학四字小學」

D-21 훈 음 訓音

Ⅹ. 音(음:소리)이 'ㅌ' 또는 'ㅍ'으로 시작되는 漢字(한자)

(1) 八 (　　　)　　(2) 土 (　　　)

Ⅺ. 音(음:소리)이 'ㅎ'으로 시작되는 漢字(한자)

(1) 韓 (　　　)　　(2) 學 (　　　)　　(3) 火 (　　　)

(4) 兄 (　　　)

정답 ■ Ⅰ (1) 가르칠 교 (2) 성 김 / 쇠 금 (3) 군사 군 (4) 학교 교 (5) 아홉 구 (6) 나라 국
Ⅱ (1) 계집 녀 (2) 남녘 남 (3) 해 년
Ⅲ (1) 여섯 륙 (2) 큰 대 (3) 동녘 동
Ⅳ (1) 나무 목 (2) 일만 만 (3) 백성 민 (4) 어미 모 (5) 문 문
Ⅴ (1) 아비 부 (2) 흰 백 (3) 북녘 북/달아날 배
Ⅵ (1) 열 십 (2) 넉 사 (3) 작을 소 (4) 메 산 (5) 물 수
(6) 날 생 (7) 집 실 (8) 서녘 서 (9) 석 삼 (10) 먼저 선
Ⅶ (1) 다섯 오 (2) 달 월 (3) 임금 왕 (4) 사람 인 (5) 두 이 (6) 날 일 (7) 바깥 외
Ⅷ (1) 긴 장 (2) 가운데 중 (3) 아우 제
Ⅸ (1) 마디 촌 (2) 푸를 청 (3) 일곱 칠
Ⅹ (1) 여덟 팔 (2) 흙 토
Ⅺ (1) 한국/나라 한 (2) 배울 학 (3) 불 화 (4) 형 형

D-20

훈 음 訓音

B. 보기형

Ⅰ. 다음에 알맞은 漢字(한자)를 〈예(例)〉에서 골라 그 번호를 쓰세요.

〈예(例)〉　① 靑　② 萬　③ 先　④ 六　⑤ 二

　　　　　⑥ 一　⑦ 三　⑧ 九　⑨ 弟　⑩ 白

---

(1) 여섯 륙 ( )　　(2) 흰 백 ( )　　(3) 두 이 ( )　　(4) 아홉 구 ( )

(5) 일만 만 ( )　　(6) 먼저 선 ( )　　(7) 석 삼 ( )　　(8) 한 일 ( )

(9) 아우 제 ( )　　(10) 푸를 청 ( )

Ⅱ. 다음에 알맞은 漢字(한자)를 〈예(例)〉에서 골라 그 번호를 쓰세요.

〈예(例)〉　① 王　② 學　③ 校　④ 靑　⑤ 年

　　　　　⑥ 小　⑦ 外　⑧ 長　⑨ 中　⑩ 白

---

(1) 해 년 ( )　　(2) 푸를 청 ( )　　(3) 배울 학 ( )　　(4) 학교 교 ( )

(5) 임금 왕 ( )　　(6) 긴 장 ( )　　(7) 가운데 중 ( )　　(8) 바깥 외 ( )

(9) 흰 백 ( )　　(10) 작을 소 ( )

父母有命　俯首敬聽　부모님께서 명하시면, 머리를 숙이고 공손히 들어야 합니다. ―「사자소학四字小學」

D-20 훈 음 訓音

Ⅲ. 다음에 알맞은 漢字(한자)를 〈예(例)〉에서 골라 그 번호를 쓰세요.

<예(例)> ① 萬 ② 室 ③ 西 ④ 六 ⑤ 七
         ⑥ 四 ⑦ 北 ⑧ 水 ⑨ 先 ⑩ 白

(1) 여섯 륙 ( )   (2) 넉 사 ( )   (3) 서녘 서 ( )   (4) 북녘 북 ( )
(5) 흰 백 ( )   (6) 일만 만 ( )   (7) 일곱 칠 ( )   (8) 먼저 선 ( )
(9) 집 실 ( )   (10) 물 수 ( )

Ⅳ. 다음에 알맞은 漢字(한자)를 〈예(例)〉에서 골라 그 번호를 쓰세요.

<예(例)> ① 九 ② 金 ③ 王 ④ 生 ⑤ 人
         ⑥ 門 ⑦ 室 ⑧ 水 ⑨ 年 ⑩ 七

(1) 집 실 ( )   (2) 날 생 ( )   (3) 사람 인 ( )   (4) 임금 왕 ( )
(5) 일곱 칠 ( )   (6) 문 문 ( )   (7) 쇠 금 ( )   (8) 아홉 구 ( )
(9) 물 수 ( )   (10) 해 년 ( )

정답 ■ Ⅰ (1)④ (2)⑩ (3)⑤ (4)⑧ (5)② (6)③ (7)⑦ (8)⑥ (9)⑨ (10)①
　　　 Ⅱ (1)⑤ (2)④ (3)② (4)③ (5)① (6)⑧ (7)⑨ (8)⑦ (9)⑩ (10)⑥
　　　 Ⅲ (1)④ (2)⑥ (3)③ (4)⑦ (5)⑩ (6)① (7)⑤ (8)⑨ (9)② (10)⑧
　　　 Ⅳ (1)⑦ (2)④ (3)⑤ (4)③ (5)⑩ (6)⑥ (7)② (8)① (9)⑧ (10)⑨

D-19

훈 음 訓音

Ⅴ. 다음에 알맞은 漢字(한자)를 〈예(例)〉에서 골라 그 번호를 쓰세요.

> 〈예(例)〉 ① 中 ② 年 ③ 小 ④ 生 ⑤ 寸
> ⑥ 土 ⑦ 室 ⑧ 先 ⑨ 學 ⑩ 三

(1) 석 삼 ( ) (2) 날 생 ( ) (3) 먼저 선 ( ) (4) 해 년 ( )

(5) 흙 토 ( ) (6) 배울 학 ( ) (7) 가운데 중 ( ) (8) 집 실 ( )

(9) 마디 촌 ( ) (10) 작을 소 ( )

Ⅵ. 다음에 알맞은 漢字(한자)를 〈예(例)〉에서 골라 그 번호를 쓰세요.

> 〈예(例)〉 ① 七 ② 弟 ③ 四 ④ 生 ⑤ 門
> ⑥ 先 ⑦ 小 ⑧ 水 ⑨ 長 ⑩ 三

(1) 석 삼 ( ) (2) 날 생 ( ) (3) 먼저 선 ( ) (4) 작을 소 ( )

(5) 일곱 칠 ( ) (6) 문 문 ( ) (7) 긴 장 ( ) (8) 넉 사 ( )

(9) 아우 제 ( ) (10) 물 수 ( )

정답 ■
Ⅴ (1)⑩ (2)④ (3)⑧ (4)② (5)⑥ (6)⑨ (7)① (8)⑦ (9)⑤ (10)③
Ⅵ (1)⑩ (2)④ (3)⑥ (4)⑦ (5)① (6)⑤ (7)⑨ (8)③ (9)② (10)⑧

晨必先起　必盥必漱　새벽에 먼저 일어나고 세수하고 양치질을 해야 합니다. —『사자소학四字小學』

D-19 훈 음訓音

VII. 다음에 알맞은 漢字(한자)를 〈예(例)〉에서 골라 그 번호를 쓰세요.

〈예(例)〉　① 兄　② 外　③ 女　④ 中　⑤ 萬
　　　　　⑥ 室　⑦ 白　⑧ 水　⑨ 小　⑩ 三

(1) 가운데 중 (　)　(2) 물 수 (　)　(3) 바깥 외 (　)　(4) 흰 백 (　)
(5) 형 형 (　)　(6) 일만 만 (　)　(7) 석 삼 (　)　(8) 계집 녀 (　)
(9) 집 실 (　)　(10) 작을 소 (　)

VIII. 다음에 알맞은 漢字(한자)를 〈예(例)〉에서 골라 그 번호를 쓰세요.

〈예(例)〉　① 萬　② 外　③ 先　④ 土　⑤ 金
　　　　　⑥ 人　⑦ 東　⑧ 水　⑨ 八　⑩ 年

(1) 흙 토 (　)　(2) 사람 인 (　)　(3) 바깥 외 (　)　(4) 동녘 동 (　)
(5) 여덟 팔 (　)　(6) 쇠 금 (　)　(7) 일만 만 (　)　(8) 먼저 선 (　)
(9) 해 년 (　)　(10) 물 수 (　)

정답 ■ VII (1) ④　(2) ⑧　(3) ②　(4) ⑦　(5) ①　(6) ⑤　(7) ⑩　(8) ③　(9) ⑥　(10) ⑨
　　　 VIII (1) ④　(2) ⑥　(3) ②　(4) ⑦　(5) ⑨　(6) ⑤　(7) ①　(8) ③　(9) ⑩　(10) ⑧

D-18

훈 음 訓音

Ⅸ. 다음에 알맞은 漢字(한자)를 〈예(例)〉에서 골라 그 번호를 쓰세요.

<예(例)>　① 大　② 外　③ 西　④ 六　⑤ 金
　　　　　⑥ 室　⑦ 東　⑧ 水　⑨ 九　⑩ 年

(1) 여섯 륙 (　)　(2) 물 수 (　)　(3) 바깥 외 (　)　(4) 서녘 서 (　)

(5) 집 실 (　)　(6) 쇠 금 (　)　(7) 큰 대 (　)　(8) 동녘 동 (　)

(9) 해 년 (　)　(10) 아홉 구 (　)

Ⅹ. 다음에 알맞은 漢字(한자)를 〈예(例)〉에서 골라 그 번호를 쓰세요.

<예(例)>　① 萬　② 室　③ 西　④ 六　⑤ 七
　　　　　⑥ 外　⑦ 中　⑧ 水　⑨ 四　⑩ 白

(1) 여섯 륙 (　)　(2) 집 실 (　)　(3) 바깥 외 (　)　(4) 가운데 중 (　)

(5) 흰 백 (　)　(6) 일만 만 (　)　(7) 일곱 칠 (　)　(8) 서녘 서 (　)

(9) 물 수 (　)　(10) 넉 사 (　)

정답 ■ Ⅸ (1)④　(2)⑧　(3)②　(4)③　(5)⑥　(6)⑤　(7)①　(8)⑦　(9)⑩　(10)⑨
　　　Ⅹ (1)④　(2)②　(3)⑥　(4)⑦　(5)⑩　(6)①　(7)⑤　(8)③　(9)⑧　(10)⑨

昏定晨省 冬溫夏淸 저녁에는 잠자리를 마련해드리며, 새벽에는 문안을 드리고, 겨울에는 따뜻하게 해드리고, 여름에는 시원하게 해드려야 합니다. —「사자소학四字小學」

D-18

훈 음 訓音

XI. 다음에 알맞은 漢字(한자)를 〈예(例)〉에서 골라 그 번호를 쓰세요.

〈예(例)〉 ① 金 ② 六 ③ 小 ④ 北 ⑤ 先
⑥ 四 ⑦ 白 ⑧ 中 ⑨ 生 ⑩ 弟

(1) 먼저 선 ( )　　(2) 여섯 륙 ( )　　(3) 작을 소 ( )　　(4) 넉 사 ( )

(5) 북녘 북 ( )　　(6) 성 김 ( )　　(7) 가운데 중 ( )　　(8) 날 생 ( )

(9) 아우 제 ( )　　(10) 흰 백 ( )

XII. 다음에 알맞은 漢字(한자)를 〈예(例)〉에서 골라 그 번호를 쓰세요.

〈예(例)〉 ① 靑 ② 萬 ③ 二 ④ 六 ⑤ 先
⑥ 一 ⑦ 三 ⑧ 九 ⑨ 弟 ⑩ 白

(1) 두 이 ( )　　(2) 아우 제 ( )　　(3) 석 삼 ( )　　(4) 아홉 구 ( )

(5) 일만 만 ( )　　(6) 먼저 선 ( )　　(7) 여섯 륙 ( )　　(8) 흰 백 ( )

(9) 한 일 ( )　　(10) 푸를 청 ( )

정답 ■ XI (1)⑤ (2)② (3)③ (4)⑥ (5)④ (6)① (7)⑧ (8)⑨ (9)⑩ (10)⑦
XII (1)③ (2)⑨ (3)⑦ (4)⑧ (5)② (6)⑤ (7)④ (8)⑩ (9)⑥ (10)①

D-17

훈 음 訓音

C. 복합형

Ⅰ. 다음 글자들은 무슨 뜻이며 어떤 音(음:소리)으로 읽을까요? 〈예(例)〉에서 골라 그 번호를 써 넣으세요.

〈예(例)〉 ① 흙 ② 불 ③ 토 ④ 만 ⑤ 셋 ⑥ 화 ⑦ 가운데

---

(1) 土는 (　) 이라는 뜻입니다.

(2) 土는 (　) 라고 읽습니다.

(3) 三은 (　) 이라는 뜻입니다.

(4) 萬은 (　) 이라고 읽습니다.

(5) 火는 (　) 라고 읽습니다.

(6) 火는 (　) 이라는 뜻입니다.

(7) 中은 (　) 를 가리키는 글자입니다.

정답 ■ Ⅰ (1) ① (2) ③ (3) ⑤ (4) ④ (5) ⑥ (6) ② (7) ⑦

父母愛之　喜而弗忘　부모님께서 나를 사랑하시는 것을, 기뻐하고 잊지 말아야 합니다. ─『사자소학四字小學』

D-17

훈 음 訓音

Ⅱ. 다음 글자들은 무슨 뜻이며 어떤 音(음:소리)으로 읽을까요? 〈예(例)〉에서 골라 그 번호를 써 넣으세요.

〈예(例)〉 ① 한 ② 외 ③ 흰색 ④ 나라 ⑤ 가운데 ⑥ 소 ⑦ 작다

(1) 中은 ( ) 라는 뜻입니다.
(2) 小는 ( ) 라고 읽습니다.
(3) 小는 ( ) 는 뜻입니다.
(4) 外는 ( ) 라고 읽습니다.
(5) 白은 ( ) 을 나타냅니다.
(6) 韓은 ( ) 라는 뜻입니다.
(7) 韓은 ( ) 이라고 읽습니다.

D-17

훈 음 訓音

Ⅲ. 다음 글자들은 무슨 뜻이며 어떤 音(음:소리)으로 읽을까요? 〈예(例)〉
에서 골라 그 번호를 써 넣으세요.

〈예(例)〉 ① 교 ② 형 ③ 불 ④ 장 ⑤ 흙 ⑥ 일곱 ⑦ 화

---

(1) 兄은 (   ) 이라고 읽습니다.

(2) 土는 (   ) 이라는 뜻입니다.

(3) 校는 (   ) 라고 읽습니다.

(4) 火는 (   ) 라고 읽습니다.

(5) 火는 (   ) 을 가리킵니다.

(6) 長은 (   ) 이라고 읽습니다.

(7) 七은 (   ) 을 가리키는 글자입니다.

父母惡之　懼而無怨　부모님께서 나를·미워해도, 두려워하거나 원망하지 말아야 합니다. ─『사자소학四字小學』

D-16

훈 음訓音

IV. 다음 글자들은 무슨 뜻이며 어떤 音(음:소리)으로 읽을까요? 〈예(例)〉
에서 골라 그 번호를 써 넣으세요.

〈예(例)〉 ① 촌 ② 청 ③ 푸르다 ④ 만 ⑤ 일만 ⑥ 마디 ⑦ 토

(1) 靑은 (　) 는 뜻입니다.
(2) 靑은 (　) 이라고 읽습니다.
(3) 土는 (　) 라고 읽습니다.
(4) 寸은 (　) 이라고 읽습니다.
(5) 寸은 (　) 라는 뜻입니다.
(6) 萬은 (　) 이라고 읽습니다.
(7) 萬은 (　) 을 가리키는 글자입니다.

정답 ■ IV (1)③ (2)② (3)⑦ (4)① (5)⑥ (6)④ (7)⑤

D-16

훈 음 訓音

Ⅴ. 다음 글자들은 무슨 뜻이며 어떤 音(음:소리)으로 읽을까요? 〈예(例)〉
에서 골라 그 번호를 써 넣으세요.

〈예(例)〉 ① 아우 ② 길다 ③ 문짝 ④ 화 ⑤ 소 ⑥ 제 ⑦ 작다

---

(1) 小는 (　) 는 뜻입니다.

(2) 小는 (　) 라고 읽습니다.

(3) 弟는 (　) 라는 뜻입니다.

(4) 弟는 (　) 라고 읽습니다.

(5) 長은 (　) 는 뜻입니다.

(6) 火는 (　) 라고 읽습니다.

(7) 門은 (　) 을 가리키는 글자입니다.

정답 ■ Ⅴ (1)⑦ (2)⑤ (3)① (4)⑥ (5)② (6)④ (7)③

夙興夜寐　勿懶讀書　일찍 일어나고 밤늦게 자면서, 책읽기를 게을리 하지 말아야 합니다. ―『사자소학四字小學』

D-16

훈 음 訓音

VI. 다음 글자들은 무슨 뜻이며 어떤 音(음:소리)으로 읽을까요? 〈예(例)〉
에서 골라 그 번호를 써 넣으세요.

〈예(例)〉 ① 제 ② 인 ③ 임금 ④ 불 ⑤ 아우/동생 ⑥ 왕 ⑦ 사람

(1) 人은 (   ) 을 본뜬 글자입니다.
(2) 人은 (   ) 이라고 읽습니다.
(3) 王은 (   ) 이라는 뜻입니다.
(4) 王은 (   ) 이라고 읽습니다.
(5) 火는 (   ) 이라는 뜻입니다.
(6) 弟는 (   ) 라고 읽습니다.
(7) 弟는 (   ) 를 뜻합니다.

정답 ■ VI (1) ⑦ (2) ② (3) ③ (4) ⑥ (5) ④ (6) ① (7) ⑤

D-15

훈 음 訓音

Ⅶ. 다음 글자들은 무슨 뜻이며 어떤 音(음:소리)으로 읽을까요? 〈예(例)〉
에서 골라 그 번호를 써 넣으세요.

〈예(例)〉 ① 장 ② 길다 ③ 배우다 ④ 학교 ⑤ 소 ⑥ 학 ⑦ 작다

---

(1) 小는 (　) 는 뜻입니다.

(2) 小는 (　) 라고 읽습니다.

(3) 長은 (　) 는 뜻입니다.

(4) 長은 (　) 이라고 읽습니다.

(5) 學은 (　) 이라고 읽습니다.

(6) 學은 (　) 라는 뜻입니다.

(7) 校는 (　) 를 가리키는 글자입니다.

정답 ■ Ⅶ (1) ⑦ (2) ⑤ (3) ② (4) ① (5) ⑥ (6) ③ (7) ④

父母有病　憂而謀療　부모님께서 병이 나시면, 근심하면서 병 고칠 방법을 찾아야 합니다. —『사자소학四字小學』

D-15

훈 음 訓音

Ⅷ. 다음 글자들은 무슨 뜻이며 어떤 音(음:소리)으로 읽을까요? 〈예(例)〉
에서 골라 그 번호를 써 넣으세요.

〈예(例)〉 ① 문 ② 형 ③ 둘 ④ 산 ⑤ 흙 ⑥ 이 ⑦ 문짝

(1) 兄은 (　　) 이라고 읽습니다.
(2) 土는 (　　) 이라는 뜻입니다.
(3) 門은 (　　) 의 모양을 본뜬 글자입니다.
(4) 門은 (　　) 이라고 읽습니다.
(5) 山은 (　　) 의 모양을 본뜬 글자입니다.
(6) 二는 (　　) 이라는 뜻입니다.
(7) 二는 (　　) 라고 읽습니다.

정답 ■ Ⅷ (1) ② (2) ⑤ (3) ⑦ (4) ① (5) ④ (6) ③ (7) ⑥

D-14

훈 음 訓音

| 훈쓰기 기출 예상문제 |

> 〈보기〉로 제시된 글 속에서 밑줄 친 글자에 해당하는 한자를 찾는 유형입니다. 평소에 정확하게 훈(訓)과 음(音)을 익혀 두어야만 실수 없이 풀 수 있는 문제들입니다. 주의할 점은 반드시 주어진 글의 내용을 먼저 파악한 다음에 문제를 풀어야 한다는 것입니다. 본문에서 밑줄 친 글자를 문제에서 다시 번호로 제시해 줌에도 불구하고 무슨 말인지 몰라서 답을 못 쓰는 경우가 많습니다. 기출 예상문제들을 통해 반복 연습을 하셔서 실수가 없도록 하세요.

Ⅰ. 다음 밑줄친 낱말 뜻에 알맞은 漢字(한자)를 〈예(例)〉에서 찾아 그 번호를 쓰세요.

〈예(例)〉 ① 水 ② 年 ③ 校 ④ 室 ⑤ 日 ⑥ 人 ⑦ 九

여름이 되면 해(1)마다 비가 많이 옵니다. 그러나 너무 많이 오면 물(2) 난리가 나서 사람(3)들이 고생을 합니다. 집(4)이나 학교(5)에서는 비 피해가 없도록 미리 준비해야 합니다.

對案不食 思得良饌 부모님께서 밥을 안 잡수시면, 좋은 반찬을 찾아보아야 합니다. ─『사자소학四字小學』

D-14

훈 음訓흡

(1) 해 (　　)　　(2) 물 (　　)　　(3) 사람 (　　)

(4) 집 (　　)　　(5) 학교 (　　)

Ⅱ. 다음 밑줄 친 낱말 뜻에 알맞은 漢字(한자)를 〈예(例)〉에서 찾아 그 번호를 쓰세요.

〈예(例)〉　① 人　② 三　③ 女　④ 八　⑤ 二　⑥ 寸　⑦ 五

　교실에 다섯(1) 명이 있었습니다. 잠시 후에 세(2) 명이 나갔습니다. 10분 후에는 남자 아이 여덟(3)명과 여자(4) 아이 두(5) 명이 들어왔습니다. 교실에는 모두 몇 사람이 있나요?

(1) 다섯 (　　)　　(2) 세 (　　)　　(3) 여덟 (　　)

(4) 여자 (　　)　　(5) 두 (　　)

D-14

훈 음 訓音

Ⅲ. 다음 밑줄 친 낱말 뜻에 알맞은 漢字(한자)를 〈예(例)〉에서 찾아 그 번호를 쓰세요.

〈예(例)〉 ① 靑 ② 山 ③ 兄 ④ 木 ⑤ 弟 ⑥ 母 ⑦ 東

상엽이는 일요일에 어머니(1)를 따라서 동생(아우)(2)과 함께 산(3)에 갔습니다. 나무(4)에는 예쁜 꽃들이 피어 있었습니다. 파아란(5) 하늘 에는 구름이 떠다녔습니다.

(1) 어머니 (　　)　　　(2) 동생(아우) (　　)　　　(3) 산 (　　)
(4) 나무 (　　)　　　(5) 파아란 (　　)

飮食親前　母出器聲　부모님 앞에서 음식을 먹을 적엔, 그릇 부딪치는 소리를 내지 말아야 합니다. —「사자소학四字小學」

D-13

훈 음 訓音

Ⅳ. 다음 밑줄 친 낱말 뜻에 알맞은 漢字(한자)를 〈예(例)〉에서 찾아 그 번호를 쓰세요.

〈예(例)〉 ① 三 ② 兄 ③ 弟 ④ 二 ⑤ 女 ⑥ 校

현정이는 여자(1) 어린이입니다. 동생(2)이 둘(3) 있습니다. 재영이는 남자 아이입니다. 누나가 셋(4)입니다. 현정이와 재영이는 같은 학교(5)에 다닙니다.

(1) 여자 (　　)　　　(2) 동생 (　　)　　　(3) 둘 (　　)

(4) 셋 (　　)　　　(5) 학교 (　　)

Ⅴ. 다음 밑줄 친 낱말 뜻에 알맞은 漢字(한자)를 〈예(例)〉에서 찾아 그 번호를 쓰세요.

〈예(例)〉 ① 靑 ② 兄 ③ 人 ④ 外 ⑤ 門 ⑥ 四

상윤이는 일요일에 박물관에 갔습니다. 형(1)과 함께 넷(2)이 갔습니다. 파란(3) 모자를 쓰고 갔습니다. 사람(4)들이 줄을 서서 차례차례 문(5)으로 들어갔습니다.

훈 음 訓音

(1) 형 (　　)　　　　(2) 넷 (　　)　　　　(3) 파란 (　　)

(4) 사람 (　　)　　　　(5) 문 (　　)

Ⅵ. 다음 밑줄 친 낱말 뜻에 알맞은 漢字(한자)를 〈예(例)〉에서 찾아 그 번호를 쓰세요.

〈예(例)〉　① 靑　② 白　③ 人　④ 外　⑤ 火　⑥ 校

　오늘 아침에는 버스를 타고 <u>학교</u>(1)에 갔습니다. 버스에는 <u>사람</u>(2)들이 많았습니다. 그래서 서서 창 <u>밖</u>(3)을 보며 갔습니다. <u>푸른</u>(4) 하늘에는 <u>하얀</u>(5) 구름이 떠다녔습니다.

(1) 학교 (　　)　　　(2) 사람 (　　)　　　(3) 밖 (　　)

(4) 푸른 (　　)　　　(5) 하얀 (　　)

衣服雖惡　與之必着　　나쁜 옷이라도, 부모님이 주시면 꼭 입어야 합니다. —「사자소학四字小學」

D-13

훈 음 訓音

Ⅶ. 다음 밑줄 친 낱말 뜻에 알맞은 漢字(한자)를 〈예(例)〉에서 찾아 그
번호를 쓰세요.

〈예(例)〉 ① 靑 ② 山 ③ 人 ④ 木 ⑤ 軍 ⑥ 大

　　일요일에 가족과 함께 산(1)에 올라갔습니다. 군인(2) 아저씨인 삼촌
도 같이 갔습니다. 푸르른(3) 나무(4) 아래에서 맛있게 밥을 먹었습니
다. 큰(5)형과 같이 놀이도 하였습니다.

(1) 산 (　　)　　　(2) 군인 (　　)　　　(3) 푸르른 (　　)
(4) 나무 (　　)　　　(5) 큰 (　　)

정답 ■ Ⅳ (1) ⑤　(2) ③　(3) ④　(4) ①　(5) ⑥
　　　　Ⅴ (1) ②　(2) ⑥　(3) ①　(4) ③　(5) ⑤
　　　　Ⅵ (1) ⑥　(2) ③　(3) ④　(4) ①　(5) ②
　　　　Ⅶ (1) ②　(2) ⑤　(3) ①　(4) ④　(5) ⑥

D-12

훈 음 訓音

Ⅷ. 다음 밑줄 친 낱말 뜻에 알맞은 漢字(한자)를 〈예(例)〉에서 찾아 그 번호를 쓰세요.

> 〈예(例)〉 ① 弟 ② 大 ③ 父 ④ 母 ⑤ 木 ⑥ 小

상윤이는 어린이날에 아버지(1) 어머니(2)와 함께 놀이동산에 갔습니다. 작은(3) 누나와 큰(4)형도 같이 갔습니다. 동생(5)도 데리고 갔습니다.

(1) 아버지 ( )   (2) 어머니 ( )   (3) 작은 ( )

(4) 큰 ( )   (5) 동생 ( )

Ⅸ. 다음 밑줄 친 낱말 뜻에 알맞은 漢字(한자)를 〈예(例)〉에서 찾아 그 번호를 쓰세요.

> 〈예(例)〉 ① 母 ② 先 ③ 三 ④ 木 ⑤ 父 ⑥ 一

삼일절은 삼(1)월 일(2)일입니다. 나는 어머니(3)와 함께 태극기를 달았습니다. 오후에는 아버지(4)와 함께 바둑을 두었습니다. 내가 먼저(5) 돌을 두었습니다.

飮食雖厭 賜之必嘗 싫은 음식이라도, 주시면 꼭 먹어야 합니다. ─「사자소학四字小學」

D-12 훈 음訓音

(1) 삼 (   )　　　(2) 일 (   )　　　(3) 어머니 (   )

(4) 아버지 (   )　　　(5) 먼저 (   )

X. 다음 밑줄 친 낱말 뜻에 알맞은 漢字(한자)를 〈예(例)〉에서 찾아 그 번호를 쓰세요.

〈예(例)〉　① 靑　② 山　③ 母　④ 木　⑤ 父　⑥ 大

재영이는 추석에 아버지(1) 어머니(2)와 함께 산(3)에 가서 성묘를 하였습니다. 커다란(4) 나무(5) 아래에서 놀이도 하였습니다.

(1) 아버지 (   )　　　(2) 어머니 (   )　　　(3) 산 (   )

(4) 커다란 (   )　　　(5) 나무 (   )

D-12

훈 음 訓音

XI. 다음 밑줄 친 낱말 뜻에 알맞은 漢字(한자)를 〈예(例)〉에서 찾아 그 번호를 쓰세요.

〈예(例)〉 ① 木 ② 兄 ③ 月 ④ 八 ⑤ 大 ⑥ 白

밤에는 하늘에 달(1)이 떠 있습니다. 큰(2)형(3)과 함께 문에 기대서 하늘을 보았습니다. 나뭇(4)가지 사이로 떠 있는 달은 하얀(5) 색이었습니다.

(1) 달 (   )   (2) 큰 (   )   (3) 형 (   )

(4) 나뭇 (   )   (5) 하얀 (   )

若告西適 不復東往 서쪽으로 간다고 말하였으면, 동쪽으로 가지 말아야 합니다. —「사자소학四字小學」

D-11

훈 음 訓音

| 음쓰기 기출 예상문제 |

한자(漢字)의 음(音)을 먼저 제시한 다음에 〈보기〉에서 고르는 유형입니다. 역시 평소에 정확하게 훈(訓)과 음(音)을 익혀 두어야만 실수 없이 풀 수 있는 문제들입니다. 모양이 비슷한 한자(漢字)를 혼동하는 일이 없도록 주의하세요.

Ⅰ. 다음 漢字(한자)의 音(음:소리)을 〈예(例)〉에서 골라 그 번호를 쓰세요.

| 〈예(例)〉 | ① 군 | ② 문 | ③ 촌 | ④ 백 | ⑤ 산 |
| | ⑥ 소 | ⑦ 외 | ⑧ 장 | ⑨ 중 | ⑩ 제 |

(1) 門 (　)　　(2) 軍 (　)　　(3) 白 (　)　　(4) 寸 (　)

(5) 山 (　)　　(6) 中 (　)　　(7) 外 (　)　　(8) 長 (　)

(9) 小 (　)　　(10) 弟 (　)

D-11

훈 음 訓音

II. 아래 글의 ㉠과 ㉡의 밑줄 친 낱말에 공통으로 쓰이는 漢字(한자)를 〈예(例)〉에서 골라 그 번호를 쓰세요.

〈예(例)〉　① 外　　② 山　　③ 學　　④ 敎　　⑤ 生

　　　　　⑥ 先　　⑦ 靑　　⑧ 室　　⑨ 三

---

(1) ㉠ 이모는 대학생입니다.

　　㉡ 엄마 생일은 내일입니다.　（　）

(2) ㉠ 외국으로 여행을 갑니다.

　　㉡ 시외로 가는 버스를 탔습니다.　（　）

(3) ㉠ 나는 학교에 갑니다.

　　㉡ 방학이 끝났습니다.　（　）

(4) ㉠ 청소년 문화회관

　　㉡ 청군과 백군　（　）

(5) ㉠ 백두산은 우리나라에서 가장 높습니다.

　　㉡ 산으로 올라갑니다.　（　）

D-11

훈 음 訓音

Ⅲ. 아래 글의 ㉠과 ㉡의 밑줄 친 낱말에 공통으로 쓰이는 漢字(한자)를 〈예(例)〉에서 골라 그 번호를 쓰세요.

〈예(例)〉　① 土　② 南　③ 寸　④ 白　⑤ 學
　　　　　⑥ 靑　⑦ 室　⑧ 生　⑨ 敎

(1) ㉠ 기태는 학교로 갑니다.

　　㉡ 교실에는 학생이 많습니다.　(　)

(2) ㉠ 오늘은 토요일입니다.

　　㉡ 수성·금성·화성·토성 (　)

(3) ㉠ 청군과 백군이 달리기를 합니다.

　　㉡ 청색을 칠합니다.　(　)

(4) ㉠ 사촌 동생과 놀았습니다.

　　㉡ 삼촌과 공부를 합니다.　(　)

(5) ㉠ 교무실로 선생님을 따라갔습니다.

　　㉡ 교실에서는 조용히 합니다.　(　)

정답 ■ Ⅰ (1) ② (2) ① (3) ④ (4) ③ (5) ⑤ (6) ⑨ (7) ⑦ (8) ⑧ (9) ⑥ (10) ⑩
　　　 Ⅱ (1) ⑤ (2) ① (3) ③ (4) ⑦ (5) ②
　　　 Ⅲ (1) ⑤ (2) ① (3) ⑥ (4) ③ (5) ⑨

D-10

훈 음 訓音

IV. 아래 글의 ㉠과 ㉡의 밑줄 친 낱말에 공통으로 쓰이는 漢字(한자)를
〈예(例)〉에서 골라 그 번호를 쓰세요.

〈예(例)〉　① 學　　② 兄　　③ 校　　④ 室　　⑤ 生
　　　　　　⑥ 先　　⑦ 中　　⑧ 白　　⑨ 敎

---

(1) ㉠ 학생은 배웁니다.

　　㉡ 막내 이모는 대학생입니다. （　）

(2) ㉠ 우리 형은 중학생입니다.

　　㉡ 길 중간에 돈이 떨어져 있습니다. （　）

(3) ㉠ 교실에서는 조용히 합니다.

　　㉡ 실내화를 빨았습니다. （　）

(4) ㉠ 교실로 들어갑니다.

　　㉡ 국어 교과서를 읽었습니다. （　）

(5) ㉠ 나는 학생입니다.

　　㉡ 형은 삼학년입니다. （　）

勿與人鬪　父母憂之　　남과 싸우면 부모님께서 근심하십니다. ─『사자소학四字小學』

D-10  훈 음 訓音

Ⅴ. 아래 글의 ㉠과 ㉡의 밑줄 친 낱말에 공통으로 쓰이는 漢字(한자)를
〈예(例)〉에서 골라 그 번호를 쓰세요.

〈예(例)〉　① 五　② 三　③ 門　④ 弟　⑤ 生
　　　　　⑥ 先　⑦ 二　⑧ 中　⑨ 國　⑩ 教

(1) ㉠ 학교 생활이 즐겁습니다.

　　㉡ 선생님께서 들어오셨습니다. (　)

(2) ㉠ 우리 집은 삼층집입니다.

　　㉡ 삼학년이 되었습니다. (　)

(3) ㉠ 나는 선생님의 제자입니다.

　　㉡ 사촌 형제가 많습니다. (　)

(4) ㉠ 어제는 국립묘지에 갔습니다.

　　㉡ 우리나라는 민주 국가입니다. (　)

(5) ㉠ 나는 이층으로 올라갑니다.

　　㉡ 내년에는 이학년이 됩니다. (　)

D-10

훈 음 訓音

Ⅵ. 아래 글의 ㉠과 ㉡의 밑줄 친 낱말에 공통으로 쓰이는 漢字(한자)를
〈예(例)〉에서 골라 그 번호를 쓰세요.

〈예(例)〉　① 敎　　② 長　　③ 校　　④ 民　　⑤ 室
　　　　　　⑥ 女　　⑦ 五　　⑧ 國　　⑨ 寸

---

(1) ㉠ 나는 <u>오</u>학년 일반입니다.

　　㉡ 어린이날은 <u>오</u>월 오일입니다. (　　)

(2) ㉠ 우리나라 국<u>민</u>은 매우 부지런합니다.

　　㉡ 우리 겨레는 단일 <u>민</u>족입니다. (　　)

(3) ㉠ 교<u>장</u> 선생님께서는 우리들을 사랑하십니다.

　　㉡ 나는 <u>장</u>점이 많습니다. (　　)

(4) ㉠ 우리 담임선생님은 <u>여</u>선생님입니다.

　　㉡ 나는 <u>여</u>자입니다. (　　)

(5) ㉠ 나는 초등학<u>교</u>에 다닙니다.

　　㉡ <u>교</u>장실에 갑니다. (　　)

정답 ■ Ⅳ (1)⑤ (2)⑦ (3)④ (4)⑨ (5)①
Ⅴ (1)⑤ (2)② (3)④ (4)⑨ (5)⑦
Ⅵ (1)⑦ (2)④ (3)② (4)⑥ (5)③

見善從之　知過必改　　착한 것을 보았으면 따르고, 잘못을 알았으면 반드시 고쳐야 합니다. ─『사자소학四字小學』

D-9

필 순筆順

3. 필순筆順

| 필순 원칙 |

붓을 종이에 한 번 대었다가 자연스럽게 뗄 때까지 이루어진 점(·)이나 선(—)을 '획'이라 하고, 획을 그어 글자를 이루어가는 차례를 '필순(筆順)'이라 한다. 漢字(한자)는 다른 문자에 비하여 점과 획수가 많으며, 또한 이들 점과 획이 다양하게 교차하여 글자를 이루어낸다. 따라서 한자(漢字)를 쓸 때는 바른 자세로 바른 순서에 따라 맞게 써야지 글자의 모양도 바르게 되고 쓰기도 쉽게 되며 획수도 정확히 셀 수 있다.

한자능력검정시험에서 올해 처음으로 출제되는 유형입니다. 한자(漢字)는 점과 여러 획수가 다양하게 교차하여 이루어진 글자이기 때문에 평소에 정확한 필순(筆順)을 익혀놓지 않으면 안됩니다. 한자(漢字)는 순서에 맞게 써야만 글자의 모양도 바르게 되고 또한 쉽게 쓸 수 있습니다. 앞에 나온 8급 배정한자 '쓰기연습'에 있는 필순(筆順)대로 정확하게 쓰는 연습을 많이 하세요. 출제된 예상문제들은 평소에 많이 혼동되어 쓰이는 글자들입니다. 반복 연습을 통해 익히고 꼭 기억해 두세요.

D-9

필순 筆順

필순에는 다음과 같은 기본 원칙이 있다.

  (1) 위에서 아래로 쓴다.

    예 三 석 삼　一 二 三

  (2) 왼쪽에서 오른쪽으로 쓴다.

    예 州 고을 주　丶 丿 丿 州 州 州

  (3) 가로와 세로가 교차할 때는 가로획을 먼저 쓰고 세로획은 나중에 쓴다.

    예 十 열 십　一 十

  (4) 좌우가 같을 때는 가운데를 먼저 쓴다.

    예 小 작을 소　亅 小 小

  (5) 글자 전체를 꿰뚫는 세로획은 맨 나중에 쓴다.

    예 中 가운데 중　丨 口 口 中

  (6) 글자 전체를 꿰뚫는 가로획은 맨 나중에 쓴다.

    예 女 계집 녀　𡿨 女 女

  (7) 삐침丿을 파임＼보다 먼저 쓴다.

    예 父 아버지 부　丶 丶 丷 父 父

  (8) 받침의 경우

    ① 받침을 나중에 쓰는 경우　辶, 廴

    예 近 가까울 근　丶 丿 斤 斤 斤 近 近

    ② 받침을 먼저 쓰는 경우　是

    예 題 제목 제　丨 门 日 日 旦 是 是 是 是 題 題 題 題 題 題

필 순 筆順

| 필순 출제 예상문제 |

Ⅰ. 아래 漢字(한자)의 필순을 숫자로 쓰시오.

(1) 九 자의 삐침 ╱ 은 몇 번째 쓰는지 번호로 쓰시오. (　)
(2) 父 자의 삐침 ╱ 은 몇 번째 쓰는지 번호로 쓰시오. (　)

Ⅱ. 아래 漢字(한자)를 필순대로 완성하시오.

(1) (　)(　)(　) 女

(2) (　)(　)(　)(　) 水

(3) (　) 十 (　)

(4) (　)(　)(　)(　) 六

(5) (　)(　)(　)(　) 木

(6) (　)(　)(　) 山

(7) (　)(　)(　)(　) 火

(8) (　)(　)(　) 母

D-9

필 순 筆順

한자능력검정시험   유형별 기출 예상문제집 8급

(9) 人

(10) 七

(11) 父

(12) 土

(13) 兄

(14) 五

(15) 玉

(16) 中

(17) 寸

(18) 小

(19) 北

D-9

필 순 筆順

정답 ■ Ⅰ (1) 1　(2) 3

Ⅱ

(1) 女　(2) 水　(3) 十　(4) 六
(5) 木　(6) 山　(7) 火　(8) 母
(9) 人　(10) 七　(11) 父　(12) 土
(13) 兄　(14) 五　(15) 王　(16) 中
(17) 寸　(18) 小　(19) 北

본 문제집에 수록된 실전모의고사 문제는 한자능력검정시험의 최근 기출 문제의 유형을 철저히 분석하여 유형에 따라 예상문제를 출제한 것입니다. 예상문제와 함께 실제의 답안지를 수록함으로써 직접 고사장에서 시험을 보는 것과 같은 연습을 반복할 수 있게 편집하였습니다. 이런 연습을 반복하면 시험을 치르는 적응력이 생기게 되어 시험 당일 고사장에서 당황하여 실수를 저지르는 것을 미연에 방지할 수 있습니다.

먼저 답안지를 잘라서 정해진 시간 내에 문제를 풀어 보십시오. 답안이 작성되었으면 채점을 하여 틀린 부분을 공부하시고 직접 문제지에다 2차로 답안을 작성하시기 바랍니다. 모의고사 한 회당 두 번씩 반복 연습을 하시기 바랍니다.

답안지 작성 요령은 다음과 같습니다. 잘 읽어보시고 그대로 따라 해주시기 바랍니다. 평소에 답안지 작성을 할 때 적응을 해 놓으면 시험 당일 실수를 하지 않습니다.

1. 문제지와 답안지를 받으면 제일 먼저 본인이 신청한 급수와 같은지 확인하셔야 합니다.
2. 확인이 끝났으면 성명과 주민등록번호 그리고 수험번호를 정확하게 기입하셔야 합니다. 성명을 쓰는 칸은 5칸으로 되어 있습니다. 맨앞에 있는 칸에서부터 빈칸 없이 차례대로 성과 이름을 채워나가시면 됩니다. 수험생의 이름은 한자(漢字)로 쓰는 것이 원칙입니다. 자신의 이름을 한자(漢字)로 쓸 수 있게끔 평소에 연습을 해 두세요. 주민등록번호나 수험번호는 가지고 간 수험표를 보고 그대로 작성하면 됩니다.
3. 답안 작성을 할 때 필기구는 반드시 검정색 볼펜이나 검정색 수성 볼펜 또는 검정색 플러스펜을 사용하셔야 합니다. 너무 굵은 필기구로 쓰면 획이 굵어서 글씨가 제대로 보이지 않아 불이익을 당할 수가 있습니다. 적당한 굵기의 필기구를 선택하시기 바랍니다. 주의할 점은 절대로 빨간색 펜을 사용하시면 안된다는 것입니다. OCR 답안지는 빨간색을 읽지 않도록 프로그래밍화 되어 있기 때문에 빨간색으로 쓰면 0점으로 처리가 됩니다. 연필로 답을 쓰면 글씨가 희미하여 잘 읽혀지지 않을 수 있습니다. 평소에 검정색 볼펜을 사용하여 연습하십시오.
4. 답을 쓸 때에는 정답 칸 안에 바른 글씨체로 또박또박 적어야 합니다. 너무 큰 글씨로 써서 정답 칸을 벗어나면 0점 처리가 되니 조심하십시오.
5. 답안지 작성 도중 답을 잘못 썼을 경우에는 수정테이프나 수정액을 사용하여 지우고 다시 쓰면 됩니다. 수정액이 없을 경우에는 잘못 쓴 답 위에다 두 줄을 긋고 다시 쓰셔도 됩니다.
6. 정답란에는 정답 외에 절대로 어떤 글씨도 적으면 안됩니다. 낙서를 하거나 구기거나 답안지를 찢으면 컴퓨터가 인식을 못하여 0점으로 처리될 수 있습니다. 간혹 채점란에다 장난으로 ○ 표시를 하여 채점을 해 놓는 경우가 있는데 이것 역시 0점으로 처리됩니다. 불이익을 당하지 않도록 조심하시기 바랍니다.

제1회 漢字能力檢定試驗 8級 問題紙

(시험시간 : 50분)

(사)한국어문회 · 한국한자능력검정회　　　　　　　※ 문제지는 답안지와 함께 제출하세요.

※다음 글을 읽고 밑줄 친 漢字(한자)의 讀音(독음)을 쓰세요.(1~18)

> 〈예〉
> 漢字 → 한자

* 고속도로가 東(1) 西(2) 南(3) 北(4)으로 시원하게 뻗어 있습니다.
* 내 동생 生(5) 日(6)은 四(7) 月(8) 二(9) 十(10) 八(11) 일입니다.
* 나는 大(12) 韓(13) 民(14) 國(15)의 국민입니다.
* 나는 세종대王(16)을 존경합니다.
* 어제는 사寸(17)兄(18)과 함께 놀이터에서 놀았습니다.

(1) 東　　　　(2) 西　　　　(3) 南
(4) 北　　　　(5) 生　　　　(6) 日
(7) 四　　　　(8) 月　　　　(9) 二
(10) 十　　　　(11) 八　　　　(12) 大
(13) 韓　　　　(14) 民　　　　(15) 國
(16) 王　　　　(17) 寸　　　　(18) 兄

※다음 漢字(한자)의 訓(훈:뜻)과 音(음:소리)을 쓰세요. (19~25)

> 〈예〉
> 音 → 소리 음

(19) 白　　(20) 外　　(21) 室　　(22) 九
(23) 靑　　(24) 先　　(25) 水

※ 다음에 알맞은 漢字(한자)를 〈예〉에서 골라 그 번호를 쓰세요. (26~35)

> 〈예〉
> ① 母 ② 女 ③ 金 ④ 人 ⑤ 大
> ⑥ 八 ⑦ 中 ⑧ 門 ⑨ 山 ⑩ 火

(26) 문 문　　　　(27) 가운데 중
(28) 계집 녀　　　(29) 여덟 팔
(30) 어미 모　　　(31) 큰 대
(32) 메 산　　　　(33) 쇠 금
(34) 사람 인　　　(35) 불 화

※ 다음 밑줄 친 낱말 뜻에 알맞은 漢字(한자)를 〈예〉에서 골라 그 번호를 쓰세요. (36~40)

재영이네는 가족이 모두 일곱(36)입니다. 할머니, 아버지(37), 어머니(38), 그리고 형과 누나들 두(39) 명이 있습니다. 우리 집은 여자(40)가 모두 네 명입니다.

<예>
① 母　② 女　③ 二
④ 七　⑤ 父　⑥ 人

(36) 일곱　(37) 아버지　(38) 어머니
(39) (두) 둘　(40) 여자

※ 아래 글의 밑줄 친 글자에 맞는 漢字(한자)를 <예>에서 골라 그 번호를 쓰세요. (41~45)

<예>
① 國　② 學　③ 大　④ 敎　⑤ 韓
⑥ 人　⑦ 靑　⑧ 民　⑨ 木　⑩ 校

(41) 아침 일찍 학교에 갑니다.
(42) 우리 형은 군인입니다.
(43) 누나가 청바지를 입었습니다.
(44) 교실에서 아이들이 책을 읽습니다.
(45) 식목일은 나무를 심는 날입니다.

※ 다음 漢字(한자)는 무슨 뜻이며 어떤 소리(음)로 읽을까요? <예>에서 골라 그 번호를 써넣으세요. (46~48)

<예>
① 적다　② 촌　　③ 넷　④ 작다
⑤ 길다　⑥ 서쪽　⑦ 만　⑧ 마디

(46) 寸은 (　)이라고 읽습니다.
(47) 小는 (　)는 뜻입니다.
(48) 萬은 (　)이라고 읽습니다.

※다음 漢字(한자)의 筆順(필순)을 밝히세요.
(49~50)

(49) ‘水’자에서 亅은 몇 번째에 쓰는지 번호로 답하세요.
(50) ‘火’자의 쓰는 순서가 올바른 것을 고르세요.

① 2-1-4-3　　② 1-2-3-4
③ 1-2-4-3　　④ 1-3-2-4

(사)한국어문회 · 한국한자능력검정회　　　　　　※ 문제지는 답안지와 함께 제출하세요.

※ 다음 글을 읽고 밑줄 친 漢字(한자)의 讀音(독음)을 쓰세요.(1~18)

> 〈예〉
>
> 漢字 → 한자

* 漢字(한자)로 다음 숫자를 세어 봅시다.
二(1)… 五(2), 六(3), 七(4) …十二(5)…
* 이번 주에는 火(6)요일, 木(7)요일이 국경일이라서 日(8)요일까지 합하면 모두 三(9)일을 학교에 가지 않습니다.
* 우리 반은 女(10)학생이 15명, 남 學(11)생이 17명입니다. 先(12) 生(13)님은 여자이십니다.
* 어제는 四(14) 寸(15) 兄(16) 이 놀러 와서 같이 놀았습니다. 우리 형은 軍(17) 人(18)입니다.

(1) 二	(2) 五	(3) 六
(4) 七	(5) 十二	(6) 火
(7) 木	(8) 日	(9) 三
(10) 女	(11) 學	(12) 先
(13) 生	(14) 四	(15) 寸
(16) 兄	(17) 軍	(18) 人

※ 다음 漢字(한자)의 訓(훈:뜻)과 音(음:소리)을 쓰세요. (19~25)

> 〈예〉
>
> 音 → 소리 음

(19) 年　　(20) 土　　(21) 弟　　(22) 韓
(23) 大　　(24) 王　　(25) 水

※ 다음에 알맞은 漢字(한자)를 〈예〉에서 골라 그 번호를 쓰세요. (26~35)

> 〈예〉
>
> ① 靑　② 萬　③ 白　④ 敎　⑤ 門
> ⑥ 南　⑦ 外　⑧ 月　⑨ 民　⑩ 室

(26) 가르칠 교	(27) 바깥 외
(28) 집 실	(29) 남녘 남
(30) 달 월	(31) 일만 만
(32) 문 문	(33) 백성 민
(34) 흰 백	(35) 푸를 청

※ 다음 밑줄 친 낱말 뜻에 알맞은 漢字(한자)를 〈예〉에서 골라 그 번호를 쓰세요. (36~40)

〈예〉

① 母　② 西　③ 四
④ 父　⑤ 水　⑥ 兄

　지난주에는 수족관에 놀러 갔습니다. 아버지(36)와 어머니(37), 그리고 형(38)과 나 넷(39)은 수족관 물(40)에서 놀고 있는 많은 물고기들을 보았습니다.

(36) 아버지　　(37) 어머니

(38) 형　　　(39) 넷　　　(40) 물

※ 아래 글의 밑줄 친 글자에 맞는 漢字(한자)를 〈예〉에서 골라 그 번호를 쓰세요. (41~45)

〈예〉

① 山 ② 生 ③ 父　④ 南 ⑤ 東
⑥ 母 ⑦ 八　⑧ 人 ⑨ 九 ⑩ 外

(41) 우리 학교에 교생 선생님이 오셨습니다.

(42) 동대문은 흥인지문이라고도 합니다.

(43) 내 생일은 구월에 있습니다.

(44) 외삼촌이 놀러 오셨습니다.

(45) 낳아주신 어머니를 생모라고 합니다.

※ 다음 漢字(한자)는 무슨 뜻이며 어떤 소리(음)로 읽을까요? 〈예〉에서 골라 그 번호를 써넣으세요. (46~48)

〈예〉

① 해　② 년　③ 소　④ 작다
⑤ 적다 ⑥ 산　⑦ 청　⑧ 푸르다

(46) 靑은 (　)는 뜻입니다.

(47) 小는 (　)는 뜻입니다.

(48) 年은 (　)이라고 읽습니다.

※ 다음 漢字(한자)의 筆順(필순)을 밝히세요.
(49~50)

(49) '九'자에서 丿는 몇 번째에 쓰는지 번호로 답하세요.

(50) '水'자의 쓰는 순서가 올바른 것을 고르세요.

① 1-2-3-4　　② 1-3-4-2
③ 2-1-3-4　　④ 1-3-2-4

제3회 漢字能力檢定試驗 8級 問題紙

(시험시간 : 50분)

※ 다음 글을 읽고 밑줄 친 漢字(한자)의 讀音(독음)을 쓰세요. (1~18)

> 〈예〉
>
> 漢字 → 한자

* 國(1)경日(2)에 대하여 알아봅시다. 삼일절은 三(3)月(4) 一(5)일입니다. 제헌절은 七(6)월 十七(7)일입니다. 광복절은 八(8)월 十五(9)일입니다. 개천절은 十月(10) 삼일입니다.
* 식木(11)일은 나무를 심는 날입니다. 四(12)월 달에 있습니다.
* 누나는 大(13)學(14)生(15)이고, 兄(16)은 軍(17)人(18)입니다.

(1) 國　　　　(2) 日　　　　(3) 三
(4) 月　　　　(5) 一　　　　(6) 七
(7) 十七　　　(8) 八　　　　(9) 十五
(10) 十月　　(11) 木　　　　(12) 四
(13) 大　　　 (14) 學　　　　(15) 生
(16) 兄　　　 (17) 軍　　　　(18) 人

※ 다음 漢字(한자)의 訓(훈:뜻)과 音(음:소리)을 쓰세요. (19~25)

> 〈예〉
>
> 音 → 소리 음

(19) 五　　(20) 六　　(21) 小　　(22) 室
(23) 萬　　(24) 軍　　(25) 金

※ 다음에 알맞은 漢字(한자)를 〈예〉에서 골라 그 번호를 쓰세요. (26~35)

> 〈예〉
>
> ① 年　② 長　③ 白　④ 八　⑤ 九
> ⑥ 兄　⑦ 寸　⑧ 民　⑨ 弟　⑩ 門

(26) 마디 촌　　　　(27) 아홉 구
(28) 해 년　　　　 (29) 문 문
(30) 긴 장　　　　 (31) 아우 제
(32) 흰 백　　　　 (33) 백성 민
(34) 여덟 팔　　　 (35) 형 형

※ 다음 밑줄 친 낱말 뜻에 알맞은 漢字(한자)를 〈예〉에서 골라 그 번호를 쓰세요. (36~40)

〈예〉

① 人　② 校　③ 年

④ 室　⑤ 民　⑥ 水

　여름이 되면 해(36)마다 비가 많이 옵니다. 올해도 물(37)난리가 나서 많은 사람(38)들이 고생을 하였습니다. 우리 집(39)은 괜찮았는데 학교(40)에는 물이 차서 공부를 할 수가 없었습니다.

(36) 해　　(37) 물　　(38) 사람
(39) 집　　(40) 학교

※ 아래 글의 밑줄 친 글자에 맞는 漢字(한자)를 〈예〉에서 골라 그 번호를 쓰세요. (41~45)

〈예〉

① 外 ② 寸 ③ 月 ④ 靑 ⑤ 王
⑥ 二 ⑦ 兄 ⑧ 校 ⑨ 敎 ⑩ 土

(41) 임금을 대왕이라고 합니다.
(42) 오늘은 토요일입니다.
(43) 교무실에는 선생님이 계십니다.
(44) 사촌동생과 공차기를 하였습니다.
(45) 청소년 문화회관에 공연을 보러 갑니다.

※ 다음 漢字(한자)는 무슨 뜻이며 어떤 소리(음)로 읽을까요? 〈예〉에서 골라 그 번호를 써넣으세요. (46~48)

〈예〉

① 낮다 ② 적다 ③ 남쪽 ④ 북쪽
⑤ 먼저 ⑥ 장　　⑦ 정

(46) 北은 (　)이라는 뜻입니다.
(47) 先은 (　)라는 뜻입니다.
(48) 長은 (　)이라고 읽습니다.

※다음 漢字(한자)의 筆順(필순)을 밝히세요.
(49~50)

(49) '父'자에서 ノ는 몇 번째에 쓰는지 번호로 답하세요.
(50) '寸'자의 쓰는 순서가 올바른 것을 고르세요.

① 1-2-3　　② 1-3-4
③ 2-1-3　　④ 1-3-2

제4회 漢字能力檢定試驗 8級 問題紙

(시험시간 : 50분)

※ 다음 글을 읽고 밑줄 친 漢字(한자)의 讀音(독음)을 쓰세요.(1~18)

> 〈예〉
>
> 漢字 → 한자

* 오늘은 三(1)一(2)절입니다. 아침 일찍 大(3)門(4)에 태극기를 달았습니다. 낮에는 월드컵 경기장으로 韓(5)國(6)과 日(7)본의 축구 경기를 보러갔습니다. 우리나라가 이겨서 국民(8) 모두가 기뻐하였습니다. 대學(9)生(10)인 四(11)寸(12)兄(13)이 기분 좋다고 우리에게 통닭을 사 주셨습니다.

* 오늘은 軍(14)人(15)인 형이 집에 오는 날입니다. 나는 학校(16)에서 일찍 돌아와 집안 청소를 하였습니다. 土(17)요일에는 형과 함께 뒷동山(18)에 올라가기로 하였습니다.

(1) 三	(2) 一	(3) 大
(4) 門	(5) 韓	(6) 國
(7) 日	(8) 民	(9) 學
(10) 生	(11) 四	(12) 寸
(13) 兄	(14) 軍	(15) 人
(16) 校	(17) 土	(18) 山

※ 다음 漢字(한자)의 訓(훈:뜻)과 音(음:소리)을 쓰세요. (19~25)

> 〈예〉
>
> 音 → 소리 음

(19) 萬　　(20) 韓　　(21) 白　　(22) 中
(23) 弟　　(24) 東　　(25) 室

※ 다음에 알맞은 漢字(한자)를 〈예〉에서 골라 그 번호를 쓰세요. (26~35)

> 〈예〉
>
> ① 火 ② 先 ③ 門 ④ 金 ⑤ 王
> ⑥ 八 ⑦ 木 ⑧ 南 ⑨ 敎 ⑩ 西

(26) 나무 목	(27) 문 문
(28) 가르칠 교	(29) 불 화
(30) 쇠 금	(31) 먼저 선
(32) 서녘 서	(33) 임금 왕
(34) 여덟 팔	(35) 남녘 남

※ 다음 밑줄 친 낱말 뜻에 알맞은 漢字(한자)를 〈예〉에서 골라 그 번호를 쓰세요. (36~40)

<예>

① 弟　　② 靑　　③ 西
④ 東　　⑤ 一　　⑥ 白

　파아란(36) 하늘에는 하얀(37) 구름이 떠다닙니다. 동쪽(38) 하늘에는 비행기 한(39) 대가 날아갑니다. 동생(40)이 좋아서 비행기를 쫓아 뛰어갑니다.

(36) 파아란　(37) 하얀
(38) 동쪽　　(39) 한　　(40) 동생

※ 아래 글의 밑줄 친 글자에 맞는 漢字(한자)를 <예>에서 골라 그 번호를 쓰세요. (41~45)

<예>

① 中　② 土　③ 國　④ 外　⑤ 水
⑥ 木　⑦ 月　⑧ 西　⑨ 四　⑩ 西

(41) 외국으로 여행을 갑니다.
(42) 오늘은 월요일입니다.
(43) 길 중간에 돈이 떨어져 있습니다.
(44) 나는 사학년입니다.
(45) 우리나라는 민주국가입니다.

※ 다음 漢字(한자)는 무슨 뜻이며 어떤 소리(음)로 읽을까요? <예>에서 골라 그 번호를 써넣으세요. (46~48)

<예>

① 먼저　　② 무　　③ 부
④ 임금　　⑤ 불　　⑥ 어머니
⑦ 누나　　⑧ 아버지

(46) 母는 (　)라는 뜻입니다.
(47) 王은 (　)이라는 뜻입니다.
(48) 父는 (　)라고 읽습니다.

※ 다음 漢字(한자)의 筆順(필순)을 밝히세요.
(49~50)

(49) ‘七’자에서 一는 몇 번째에 쓰는지 번호로 답하세요.
(50) ‘土’자의 쓰는 순서가 올바른 것을 고르세요.

土

① 1-2-3　　② 2-3-1
③ 2-1-3　　④ 1-3-2

(사)한국어문회·한국한자능력검정회

※ 문제지는 답안지와 함께 제출하세요.

※ 다음 글을 읽고 밑줄 친 漢字(한자)의 讀音(독음)을 쓰세요. (1~18)

> 〈예〉
>
> 漢字 → 한자

* 五(1)月(2)에는 어린이날이 있습니다. 올해는 어린이날이 土(3)요日(4)에 있어서 이틀 동안 學(5)校(6)에 가지 않았습니다. 일요일에는 북한山(7)으로 등산을 갔습니다. 누나와 兄(8)은 잘 올라가는데 나는 힘이 들어서 중간에 많이 쉬었습니다. 저녁에는 西(9)쪽에서 지는 해도 보았습니다. 내年(10) 어린이날이 기다려집니다.

* 우리 敎(11)실에는 학생들이 많습니다. 남자가 18명, 女(12)자가 15명입니다. 점심시간에 복도에서 뛰어다니다가 교長(13) 先(14)生(15)님께 혼이 났습니다.

* 四寸(16)형은 中(17)學校에 다닙니다. 三(18)학년이라서 저녁 늦게 집에 옵니다.

(1) 五   (2) 月   (3) 土   (4) 日
(5) 學   (6) 校   (7) 山   (8) 兄
(9) 西   (10) 年   (11) 敎   (12) 女
(13) 長   (14) 先   (15) 生   (16) 寸
(17) 中   (18) 三

※ 다음 漢字(한자)의 訓(훈:뜻)과 音(음:소리)을 쓰세요. (19~25)

> 〈예〉
>
> 音 → 소리 음

(19) 國   (20) 門   (21) 小   (22) 外
(23) 王   (24) 大   (25) 西

※ 다음에 알맞은 漢字(한자)를 〈예〉에서 골라 그 번호를 쓰세요. (26~35)

> 〈예〉
>
> ① 靑 ② 萬 ③ 人 ④ 先 ⑤ 木
> ⑥ 民 ⑦ 弟 ⑧ 學 ⑨ 白 ⑩ 十

(26) 먼저 선   (27) 배울 학
(28) 푸를 청   (29) 열 십
(30) 일만 만   (31) 백성 민
(32) 사람 인   (33) 아우 제
(34) 나무 목   (35) 흰 백

※ 다음 밑줄 친 낱말 뜻에 알맞은 漢字(한자)를 〈예〉에서 골라 그 번호를 쓰세요. (36~40)

〈예〉

① 母　② 外　③ 中

④ 父　⑤ 弟　⑥ 人

　버스를 타고 박물관에 갔습니다. 버스에는 사람(36)이 많았습니다. 나는 버스 중간(37)에 서 있다가 급정거하는 바람에 넘어졌습니다. 어머니(38)가 얼른 손을 내밀어서 옆에 있던 동생(39)은 괜찮았는데 나는 넘어지고 말았습니다. 집에 갈 때는 손잡이를 꼭 잡고 창 밖(40)을 보면서 갔습니다.

(36) 사람　　(37) 중간　　(38) 어머니

(39) 동생　　(40) 밖

※ 아래 글의 밑줄 친 글자에 맞는 漢字(한자)를 〈예〉에서 골라 그 번호를 쓰세요. (41~45)

〈예〉

① 學 ② 生 ③ 木　④ 七 ⑤ 靑

⑥ 室 ⑦ 寸 ⑧ 東　⑨ 西 ⑩ 火

(41) 청군과 백군이 줄다리기를 합니다.

(42) 겨울 방학이 끝났습니다.

(43) 해는 동쪽에서 떠오릅니다.

(44) 실내화를 빨았습니다.

(45) 칠석날에는 견우와 직녀가 만납니다.

※ 다음 漢字(한자)는 무슨 뜻이며 어떤 소리(음)로 읽을까요? 〈예〉에서 골라 그 번호를 써넣으세요. (46~48)

〈예〉

① 서　② 사　③ 소　④ 수

⑤ 우리 ⑥ 나라 ⑦ 학생 ⑧ 군인

(46) 韓은 (　)라는 뜻입니다.

(47) 軍은 (　)이라는 뜻입니다.

(48) 西는 (　)라고 읽습니다.

※다음 漢字(한자)의 筆順(필순)을 밝히세요.
(49~50)

(49) '大'자에서 一은 몇 번째에 쓰는지 번호로 답하세요.

(50) '中자의 쓰는 순서가 올바른 것을 고르세요.

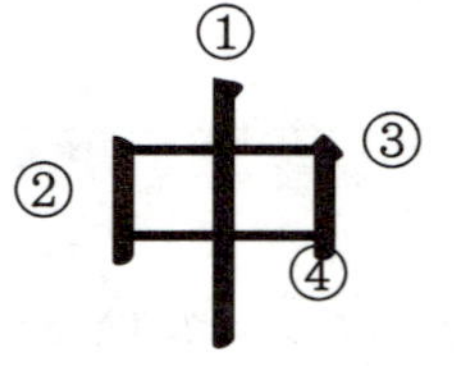

① 1-2-3-4　　② 1-3-4-2

③ 2-3-4-1　　④ 1-3-2-4

제6회 漢字能力檢定試驗 8級 問題紙

(시험시간 : 50분)

(사)한국어문회 · 한국한자능력검정회　　　　　※ 문제지는 답안지와 함께 제출하세요.

※ 다음 글을 읽고 밑줄 친 漢字(한자)의 讀音(독음)을 쓰세요. (1~18)

```
〈예〉
漢字 → 한자
```

* 大(1)韓(2)民(3)國(4)에는 현재 활동하고 있는 火(5)山(6)이 없지만 日(7)본에는 많습니다.

* 어제는 外(8)三(9)寸(10)과 함께 南(11)대門(12)을 구경하였습니다. 그 옆에는 커다란 시장이 있어서 구경도 하고 물건도 샀습니다. 四(13)촌兄(14)은 운동화를 샀고 나는 장난감을 샀습니다. 돌아올 때는 九(15)十(16) 八(17)번 靑(18)색 버스를 타고 왔습니다.

(1) 大　　　　(2) 韓　　　　(3) 民
(4) 國　　　　(5) 火　　　　(6) 山
(7) 日　　　　(8) 外　　　　(9) 三
(10) 寸　　　(11) 南　　　(12) 門
(13) 四　　　(14) 兄　　　(15) 九
(16) 十　　　(17) 八　　　(18) 靑

※ 다음 漢字(한자)의 訓(훈:뜻)과 音(음:소리)을 쓰세요. (19~25)

```
〈예〉
音 → 소리 음
```

(19) 軍　　(20) 民　　(21) 五　　(22) 生
(23) 水　　(24) 女　　(25) 小

※ 다음에 알맞은 漢字(한자)를 〈예〉에서 골라 그 번호를 쓰세요. (26~35)

```
〈예〉
① 木　② 大　③ 長　④ 敎　⑤ 七
⑥ 室　⑦ 校　⑧ 白　⑨ 八　⑩ 兄
```

(26) 학교 교　　　(27) 나무 목
(28) 일곱 칠　　　(29) 형 형
(30) 긴 장　　　(31) 큰 대
(32) 집 실　　　(33) 여덟 팔
(34) 가르칠 교　　(35) 흰 백

※ 다음 밑줄 친 낱말 뜻에 알맞은 漢字(한자)를 〈예〉에서 골라 그 번호를 쓰세요. (36~40)

〈예〉

① 八　② 六　③ 女
④ 二　⑤ 七　⑥ 五

　교실에 다섯(36) 명의 학생이 있습니다. 다시 두(37) 명이 들어왔습니다. 이번에는 여덟(38) 명의 여자(39) 아이와 남자아이 여섯(40) 명이 들어왔습니다. 모두 몇 명일까요?

(36) 다섯　　(37) 두　　(38) 여덟
(39) 여자　　(40) 여섯

※ 아래 글의 밑줄 친 글자에 맞는 漢字(한자)를 〈예〉에서 골라 그 번호를 쓰세요. (41~45)

〈예〉

① 木　② 火　③ 王　④ 西　⑤ 敎
⑥ 校　⑦ 外　⑧ 東　⑨ 國　⑩ 金

(41) 한강은 서해로 흘러갑니다.
(42) 동해에는 독도가 있습니다.
(43) 어머니 손가락에는 금반지가 있습니다.
(44) 교실에서는 뛰어다니지 맙시다.
(45) 여름방학에 외국 여행을 갑니다

※ 다음 漢字(한자)는 무슨 뜻이며 어떤 소리(음)로 읽을까요? 〈예〉에서 골라 그 번호를 써넣으세요. (46~48)

〈예〉

① 민　② 만　　③ 작다　④ 적다
⑤ 많다　⑥ 가운데　⑦ 앞　　⑧ 문

(46) 中은 (　)라는 뜻입니다.
(47) 小는 (　)는 뜻입니다.
(48) 萬은 (　)이라고 읽습니다.

※다음 漢字(한자)의 筆順(필순)을 밝히세요.
(49~50)

(49) '四' 자에서 丿는 몇 번째에 쓰는지 번호로 답하세요.
(50) '山' 자의 쓰는 순서가 올바른 것을 고르세요.

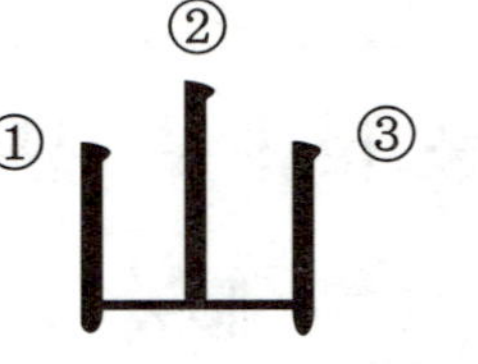

① 1-2-3　　　② 1-3-2
③ 2-1-3

제7회 漢字能力檢定試驗 8級 問題紙

(시험시간 : 50분)

(사)한국어문회 · 한국한자능력검정회　　　　　　※ 문제지는 답안지와 함께 제출하세요.

※ 다음 글을 읽고 밑줄 친 漢字(한자)의 讀音(독음)을 쓰세요. (1~18)

〈예〉

漢字 → 한자

* 상윤이는 추석에 父(1)母(2)님과 함께 시골에 갔습니다. 달리는 차창 밖으로 보니 교복을 예쁘게 입은 女(3)學(4)生 세 명이 웃으면서 지나갑니다. 할머니 댁에 도착하니 外(5)숙모와 四(6)寸(7)兄(8)들이 나와서 반갑게 맞아주었습니다.
* 내 生(9)日(10)은 九(11)月(12) 十(13)일 金(14)요일입니다. 이날에는 마침 軍(15)人(16)인 三(17)寸도 휴가를 나오신다고 하셨습니다. 大(18)學生인 누나는 예쁜 인형을 선물해 준다고 하였습니다.

(1) 父　　　(2) 母　　　(3) 女
(4) 學　　　(5) 外　　　(6) 四
(7) 寸　　　(8) 兄　　　(9) 生
(10) 日　　　(11) 九　　　(12) 月
(13) 十　　　(14) 金　　　(15) 軍
(16) 人　　　(17) 三　　　(18) 大

※ 다음 漢字(한자)의 訓(훈:뜻)과 音(음:소리)을 쓰세요. (19~25)

〈예〉

音 → 소리 음

(19) 王　　(20) 西　　(21) 靑　　(22) 小
(23) 校　　(24) 門　　(25) 年

※ 다음에 알맞은 漢字(한자)를 〈예〉에서 골라 그 번호를 쓰세요. (26~35)

〈예〉

① 學　② 民　③ 山　④ 南　⑤ 弟
⑥ 大　⑦ 韓　⑧ 外　⑨ 國　⑩ 生

(26) 큰 대　　　　(27) 날 생
(28) 배울 학　　　(29) 나라 국
(30) 메 산　　　　(31) 백성 민
(32) 남녘 남　　　(33) 나라 한
(34) 아우 제　　　(35) 바깥 외

※ 다음 밑줄 친 낱말 뜻에 알맞은 漢字(한자)를 〈예〉에서 골라 그 번호를 쓰세요. (36~40)

〈예〉

① 木　② 母　③ 靑
④ 白　⑤ 父　⑥ 大

　어린이날에 아버지(36), 어머니(37)와 함께 놀이동산으로 놀러갔습니다. 하늘은 푸르고(38) 날씨는 따뜻하였습니다. 커다란(39) 나무(40) 밑에서 맛있는 점심도 먹었습니다.

(36) 아버지　(37) 어머니　(38) 푸르고
(39) 커다란　(40) 나무

※ 아래 글의 밑줄 친 글자에 맞는 漢字(한자)를 〈예〉에서 골라 그 번호를 쓰세요. (41~45)

〈예〉

① 水　② 小　③ 大　④ 人　⑤ 中
⑥ 月　⑦ 十　⑧ 五　⑨ 王　⑩ 女

(41) 한글은 세종대왕이 만들었습니다.
(42) 인생은 뜻깊게 살아야 합니다.
(43) 우리 누나는 여군입니다.
(44) 월요일 아침에는 학교에 일찍 가야 합니다.
(45) 우리나라는 산수가 아름답습니다.

※ 다음 漢字(한자)는 무슨 뜻이며 어떤 소리(음)로 읽을까요? 〈예〉에서 골라 그 번호를 써넣으세요. (46~48)

〈예〉

① 집　② 다섯　③ 성　④ 아홉
⑤ 교실　⑥ 선　⑦ 열　⑧ 산

(46) 九은 (　)이라는 뜻입니다.
(47) 室은 (　)이라는 뜻입니다.
(48) 先은 (　)이라고 읽습니다.

※ 다음 漢字(한자)의 筆順(필순)을 밝히세요.
(49~50)

(49) '母'자에서 一는 몇 번째에 쓰는지 번호로 답하세요.
(50) '大'자의 쓰는 순서가 올바른 것을 고르세요.

① 1-2-3　　② 1-3-2
③ 2-1-3

제8회 漢字能力檢定試驗 8級 問題紙
(시험시간 : 50분)

※ 다음 글을 읽고 밑줄 친 漢字(한자)의 讀音(독음)을 쓰세요.(1~18)

> 〈예〉
>
> 漢字 → 한자

* 三(1)月(2)달에는 삼일절이 있습니다. 모든 집에서는 大(3)門(4)에다가 태극기를 답니다. 四(5)월에는 식木(6)日(7)이 있습니다. 모두들 나무를 심습니다. 五(8)월에는 어린이날이 있습니다.
* 十(9)月에는 개천절이 있습니다. 이 날은 단군 王(10)검께서 나라를 세우신 날입니다. 또 國(11)軍(12)의 날도 있습니다.
* 올림픽 대회에는 東(13), 西(14), 南(15), 北(16)의 모든 사람들이 모여서 축제를 벌입니다.
* 이번 주 火(17)요일과 水(18)요일에는 치과에 가야 합니다.

(1) 三　　　　(2) 月　　　　(3) 大
(4) 門　　　　(5) 四　　　　(6) 木
(7) 日　　　　(8) 五　　　　(9) 十
(10) 王　　　(11) 國　　　(12) 軍
(13) 東　　　(14) 西　　　(15) 南
(16) 北　　　(17) 火　　　(18) 水

※ 다음 漢字(한자)의 訓(훈:뜻)과 音(음:소리)을 쓰세요. (19~25)

> 〈예〉
>
> 音 → 소리 음

(19) 外　　(20) 二　　(21) 兄　　(22) 敎
(23) 萬　　(24) 室　　(25) 靑

※ 다음에 알맞은 漢字(한자)를 〈예〉에서 골라 그 번호를 쓰세요. (26~35)

> 〈예〉
>
> ① 生　② 年　③ 土　④ 弟　⑤ 金
> ⑥ 白　⑦ 民　⑧ 王　⑨ 先　⑩ 母

(26) 쇠 금　　　　(27) 어미 모
(28) 날 생　　　　(29) 임금 왕
(30) 해 년　　　　(31) 먼저 선
(32) 흙 토　　　　(33) 흰 백
(34) 백성 민　　　(35) 아우 제

※ 다음 밑줄 친 낱말 뜻에 알맞은 漢字(한자)를 〈예〉에서 골라 그 번호를 쓰세요. (36~40)

〈예〉

① 小　② 靑　③ 室
④ 月　⑤ 四　⑥ 大

　밤하늘에 달(36)이 떠 있습니다. 낮에는 파랗던(37) 하늘이 밤에는 까만색으로 변하였습니다. 큰(38) 형과 함께 별을 세어 보았습니다. 하나, 둘, 셋, 넷(39)… 작은(40) 누나는 졸음이 온다면서 먼저 자러 갔습니다.

(36) 달　(37) 파랗던　(38) 큰
(39) 넷　(40) 작은

※ 아래 글의 밑줄 친 글자에 맞는 漢字(한자)를 〈예〉에서 골라 그 번호를 쓰세요. (41~45)

〈예〉

① 小　② 大　③ 十　④ 室　⑤ 東
⑥ 西　⑦ 女　⑧ 年　⑨ 學

(41) 청년들이 마을 대청소를 합니다.
(42) 걸리버 여행기에는 소인국이 나옵니다.
(43) 나는 오학년입니다.
(44) 동문으로 나가서 서문으로 나옵니다.
(45) 교실에는 학생들이 많습니다.

※ 다음 漢字(한자)는 무슨 뜻이며 어떤 소리(음)로 읽을까요? 〈예〉에서 골라 그 번호를 써넣으세요. (46~48)

〈예〉

① 청　② 년　③ 앞
④ 뒤　⑤ 가운데　⑥ 문짝
⑦ 묻다　⑧ 듣다

(46) 中은 (　)라는 뜻입니다.
(47) 門은 (　)이라는 뜻입니다.
(48) 年은 (　)이라고 읽습니다.

※다음 漢字(한자)의 筆順(필순)을 밝히세요.

(49) '十'자에서 一는 몇 번째에 쓰는지 번호로 답하세요.
(50) '女'자의 쓰는 순서가 올바른 것을 고르세요.

① 1-2-3　　② 1-3-2
③ 2-1-3

■ 제1회 한자능력검정시험 정답

(1) 동 (2) 서 (3) 남 (4) 북 (5) 생 (6) 일
(7) 사 (8) 월 (9) 이 (10) 십 (11) 팔
(12) 대 (13) 한 (14) 민 (15) 국 (16) 왕
(17) 촌 (18) 형 (19) 흰 백 (20) 바깥 외
(21) 집 실 (22) 아홉 구 (23) 푸를 청
(24) 먼저 선 (25) 물 수 (26) ⑧ (27) ⑦
(28) ② (29) ⑥ (30) ① (31) ⑤ (32) ⑨
(33) ③ (34) ④ (35) ⑩ (36) ④ (37) ⑤
(38) ① (39) ③ (40) ② (41) ② (42) ⑥
(43) ⑦ (44) ④ (45) ⑨ (46) ② (47) ④
(48) ⑦ (49) 1 (50) ④

■ 제3회 한자능력검정시험 정답

(1) 국 (2) 일 (3) 삼 (4) 월 (5) 일 (6) 칠
(7) 십칠 (8) 팔 (9) 십오 (10) 시월 (11) 목
(12) 사 (13) 대 (14) 학 (15) 생 (16) 형
(17) 군 (18) 인 (19) 다섯 오 (20) 여섯 륙
(21) 작을 소 (22) 집 실 (23) 일만 만
(24) 군사 군 (25) 쇠 금 (26) ⑦ (27) ⑤
(28) ① (29) ⑩ (30) ② (31) ⑨ (32) ③
(33) ⑧ (34) ④ (35) ⑥ (36) ③ (37) ⑥
(38) ① (39) ④ (40) ② (41) ⑤ (42) ⑩
(43) ⑨ (44) ② (45) ④ (46) ④ (47) ⑤
(48) ⑥ (49) 3 (50) ③

■ 제2회 한자능력검정시험 정답

(1) 이 (2) 오 (3) 육 (4) 칠 (5) 십이 (6) 화
(7) 목 (8) 일 (9) 삼 (10) 여 (11) 학 (12) 선
(13) 생 (14) 사 (15) 촌 (16) 형 (17) 군
(18) 인 (19) 해 년 (20) 흙 토 (21) 아우 제
(22) 나라 /한국 한 (23) 큰 대 (24) 임금 왕
(25) 물 수 (26) ④ (27) ⑦ (28) ⑩ (29) ⑥
(30) ⑧ (31) ② (32) ⑤ (33) ⑨ (34) ③
(35) ① (36) ④ (37) ① (38) ⑥ (39) ③
(40) ⑤ (41) ② (42) ⑤ (43) ⑨ (44) ⑩
(45) ⑥ (46) ⑧ (47) ④ (48) ② (49) 1
(50) ③

■ 제4회 한자능력검정시험 정답

(1) 삼 (2) 일 (3) 대 (4) 문 (5) 한 (6) 국
(7) 일 (8) 민 (9) 학 (10) 생 (11) 사 (12) 촌
(13) 형 (14) 군 (15) 인 (16) 교 (17) 토
(18) 산 (19) 일만 만 (20) 나라 /한국 한
(21) 흰 백 (22) 가운데 중 (23) 아우 제
(24) 동녘 동 (25) 집 실 (26) ⑦ (27) ③
(28) ⑨ (29) ① (30) ④ (31) ② (32) ⑩
(33) ⑤ (34) ⑥ (35) ⑧ (36) ② (37) ⑥
(38) ④ (39) ⑤ (40) ① (41) ④ (42) ⑦
(43) ① (44) ⑨ (45) ③ (46) ⑥ (47) ④
(48) ③ (49) 1 (50) ③

■ 제5회 한자능력검정시험 정답

(1) 오 (2) 월 (3) 토 (4) 일 (5) 학 (6) 교
(7) 산 (8) 형 (9) 서 (10) 년 (11) 교 (12) 여
(13) 장 (14) 선 (15) 생 (16) 촌 (17) 중
(18) 삼 (19) 나라 국 (20) 문 문 (21) 작을 소
(22) 바깥 외 (23) 임금 왕 (24) 큰 대
(25) 서녘 서 (26) ④ (27) ⑧ (28) ①
(29) ⑩ (30) ② (31) ⑥ (32) ③ (33) ⑦
(34) ⑤ (35) ⑨ (36) ⑥ (37) ③ (38) ①
(39) ⑤ (40) ② (41) ⑤ (42) ① (43) ⑧
(44) ⑥ (45) ④ (46) ⑥ (47) ⑧ (48) ①
(49) 1 (50) ③

■ 제6회 한자능력검정시험 정답

(1) 대 (2) 한 (3) 민 (4) 국 (5) 화 (6) 산
(7) 일 (8) 외 (9) 삼 (10) 촌 (11) 남 (12) 문
(13) 사 (14) 형 (15) 구 (16) 십 (17) 팔
(18) 청 (19) 군사 군 (20) 백성 민
(21) 다섯 오 (22) 날 생 (23) 물 수
(24) 계집 녀 (25) 작을 소 (26) ⑦ (27) ①
(28) ⑤ (29) ⑩ (30) ③ (31) ② (32) ⑥
(33) ⑨ (34) ④ (35) ⑧ (36) ⑥ (37) ④
(38) ① (39) ③ (40) ② (41) ④ (42) ⑧
(43) ⑩ (44) ⑤ (45) ⑦ (46) ⑥ (47) ③
(48) ② (49) 3 (50) ③

■ 제7회 한자능력검정시험 정답

(1) 부 (2) 모 (3) 여 (4) 학 (5) 외 (6) 사
(7) 촌 (8) 형 (9) 생 (10) 일 (11) 구 (12) 월
(13) 십 (14) 금 (15) 군 (16) 인 (17) 삼
(18) 대 (19) 임금 왕 (20) 서녘 서
(21) 푸를 청 (22) 작을 소 (23) 학교 교
(24) 문 문 (25) 해 년 (26) ⑥ (27) ⑩
(28) ① (29) ⑨ (30) ③ (31) ② (32) ④
(33) ⑦ (34) ⑤ (35) ⑧ (36) ⑤ (37) ②
(38) ③ (39) ⑥ (40) ① (41) ⑨ (42) ④
(43) ⑩ (44) ⑥ (45) ① (46) ④ (47) ①
(48) ⑥ (49) 5 (50) ③

■ 제8회 한자능력검정시험 정답

(1) 삼 (2) 월 (3) 대 (4) 문 (5) 사 (6) 목
(7) 일 (8) 오 (9) 십 (10) 왕 (11) 국 (12) 군
(13) 동 (14) 서 (15) 남 (16) 북 (17) 화
(18) 수 (19) 바깥 외 (20) 두 이 (21) 형 형
(22) 가르칠 교 (23) 일만 만 (24) 집 실
(25) 푸를 청 (26) ⑤ (27) ⑩ (28) ①
(29) ⑧ (30) ② (31) ⑨ (32) ③ (33) ⑥
(34) ⑦ (35) ④ (36) ④ (37) ② (38) ⑥
(39) ⑤ (40) ① (41) ⑧ (42) ① (43) ⑨
(44) ⑤ (45) ④ (46) ⑤ (47) ⑥ (48) ②
(49) 1 (50) ②

수험번호 □□□ - □□ - □□□□   성명 □□□□□

주민등록번호 □□□□□□ - □□□□□□□

※유성싸인펜, 붉은색 필기구 사용 불가.

※답안지는 컴퓨터로 처리되므로 구기거나 더럽히지 마시고, 정답 칸 안에만 쓰십시오.
글씨가 채점란으로 들어오면 오답처리가 됩니다.

전국한자능력검정시험 8급 답안지(1)

답 안 란		채 점 란		답 안 란		채 점 란	
번호	정 답	1검	2검	번호	정 답	1검	2검
1				13			
2				14			
3				15			
4				16			
5				17			
6				18			
7				19			
8				20			
9				21			
10				22			
11				23			
12				24			

감 독 위 원	채 점 위 원 (1)		채 점 위 원 (2)		채 점 위 원 (3)	
(서명)	(득점)	(서명)	(득점)	(서명)	(득점)	(서명)

※ 뒷면으로 이어짐

※ 답안지는 컴퓨터로 처리되므로 구기거나 더럽히지 않도록 조심하시고 글씨를 칸 안에 또박또박 쓰십시오.

전국한자능력검정시험 8급 답안지(2)

번호	정 답	1검	2검	번호	정 답	1검	2검
25				38			
26				39			
27				40			
28				41			
29				42			
30				43			
31				44			
32				45			
33				46			
34				47			
35				48			
36				49			
37				50			

사단법인 한국어문회 · 한국한자능력검정회 | 0 8 1

수험번호 □□□ - □□ - □□□□ 　　성명 □□□□□

주민등록번호 □□□□□□ - □□□□□□□ 　※유성싸인펜, 붉은색 필기구 사용 불가.

※답안지는 컴퓨터로 처리되므로 구기거나 더럽히지 마시고, 정답 칸 안에만 쓰십시오.
　글씨가 채점란으로 들어오면 오답처리가 됩니다.

전국한자능력검정시험 8급 답안지(1)

번호	정답	1검	2검	번호	정답	1검	2검
1				13			
2				14			
3				15			
4				16			
5				17			
6				18			
7				19			
8				20			
9				21			
10				22			
11				23			
12				24			

감독위원	채점위원(1)	채점위원(2)	채점위원(3)
(서명)	(득점) (서명)	(득점) (서명)	(득점) (서명)

※ 뒷면으로 이어짐

※ 답안지는 컴퓨터로 처리되므로 구기거나 더럽히지 않도록 조심하시고 글씨를 칸 안에 또박또박 쓰십시오.

전국한자능력검정시험 8급 답안지(2)

번호	정 답	1검	2검	번호	정 답	1검	2검
25				38			
26				39			
27				40			
28				41			
29				42			
30				43			
31				44			
32				45			
33				46			
34				47			
35				48			
36				49			
37				50			

채 점 란 / 답 안 란

사단법인 한국어문회 · 한국한자능력검정회   0 8 1

수험번호 □□□-□□-□□□□   성명 □□□□□

주민등록번호 □□□□□□-□□□□□□□

※유성싸인펜, 붉은색 필기구 사용 불가.

※답안지는 컴퓨터로 처리되므로 구기거나 더럽히지 마시고, 정답 칸 안에만 쓰십시오.
글씨가 채점란으로 들어오면 오답처리가 됩니다.

전국한자능력검정시험 8급 답안지(1)

번호	정답	1검	2검	번호	정답	1검	2검
1				13			
2				14			
3				15			
4				16			
5				17			
6				18			
7				19			
8				20			
9				21			
10				22			
11				23			
12				24			

감독위원	채점위원(1)		채점위원(2)		채점위원(3)	
(서명)	(득점)	(서명)	(득점)	(서명)	(득점)	(서명)

※ 뒷면으로 이어짐

사단법인 한국어문회 · 한국한자능력검정회   0 8 2

※ 답안지는 컴퓨터로 처리되므로 구기거나 더럽히지 않도록 조심하시고 글씨를 칸 안에 또박또박 쓰십시오.

전국한자능력검정시험 8급 답안지(2)

번호	정 답	1검	2검	번호	정 답	1검	2검
25				38			
26				39			
27				40			
28				41			
29				42			
30				43			
31				44			
32				45			
33				46			
34				47			
35				48			
36				49			
37				50			

수험번호 □□□-□□-□□□□　　　성명 □□□□□

주민등록번호 □□□□□□-□□□□□□□

※유성싸인펜, 붉은색 필기구 사용 불가.

※답안지는 컴퓨터로 처리되므로 구기거나 더럽히지 마시고, 정답 칸 안에만 쓰십시오.
　글씨가 채점란으로 들어오면 오답처리가 됩니다.

전국한자능력검정시험 8급 답안지(1)

답 안 란		채 점 란		답 안 란		채 점 란	
번호	정 답	1검	2검	번호	정 답	1검	2검
1				13			
2				14			
3				15			
4				16			
5				17			
6				18			
7				19			
8				20			
9				21			
10				22			
11				23			
12				24			

감독위원	채점위원(1)		채점위원(2)		채점위원(3)	
(서명)	(득점)	(서명)	(득점)	(서명)	(득점)	(서명)

※ 뒷면으로 이어짐

※ 답안지는 컴퓨터로 처리되므로 구기거나 더럽히지 않도록 조심하시고 글씨를 칸 안에 또박또박 쓰십시오.

전국한자능력검정시험 8급 답안지(2)

번호	정 답	1검	2검	번호	정 답	1검	2검
25				38			
26				39			
27				40			
28				41			
29				42			
30				43			
31				44			
32				45			
33				46			
34				47			
35				48			
36				49			
37				50			

사단법인 한국어문회 · 한국한자능력검정회   [0] [8] [1]

수험번호 □□□ - □□ - □□□□   성명 □□□□□

주민등록번호 □□□□□□ - □□□□□□□

※유성싸인펜, 붉은색 필기구 사용 불가.

※답안지는 컴퓨터로 처리되므로 구기거나 더럽히지 마시고, 정답 칸 안에만 쓰십시오.
글씨가 채점란으로 들어오면 오답처리가 됩니다.

전국한자능력검정시험 8급 답안지(1)

번호	답안란 정답	채점란 1검	채점란 2검	번호	답안란 정답	채점란 1검	채점란 2검
1				13			
2				14			
3				15			
4				16			
5				17			
6				18			
7				19			
8				20			
9				21			
10				22			
11				23			
12				24			

감독위원	채점위원(1)		채점위원(2)		채점위원(3)	
(서명)	(득점)	(서명)	(득점)	(서명)	(득점)	(서명)

※ 뒷면으로 이어짐

※ 답안지는 컴퓨터로 처리되므로 구기거나 더럽히지 않도록 조심하시고 글씨를 칸 안에 또박또박 쓰십시오.

전국한자능력검정시험 8급 답안지(2)

번호	정 답	1검	2검	번호	정 답	1검	2검
25				38			
26				39			
27				40			
28				41			
29				42			
30				43			
31				44			
32				45			
33				46			
34				47			
35				48			
36				49			
37				50			

사단법인 한국어문회 · 한국한자능력검정회 | 0 | 8 | 1 |

수험번호 □□□ - □□ - □□□□   성명 □□□□□

주민등록번호 □□□□□□ - □□□□□□□

※유성싸인펜, 붉은색 필기구 사용 불가.

※답안지는 컴퓨터로 처리되므로 구기거나 더럽히지 마시고, 정답 칸 안에만 쓰십시오.
　글씨가 채점란으로 들어오면 오답처리가 됩니다.

전국한자능력검정시험 8급 답안지(1)

번호	정 답	1검	2검	번호	정 답	1검	2검
1				13			
2				14			
3				15			
4				16			
5				17			
6				18			
7				19			
8				20			
9				21			
10				22			
11				23			
12				24			

감독위원	채점위원(1)		채점위원(2)		채점위원(3)	
(서명)	(득점)	(서명)	(득점)	(서명)	(득점)	(서명)

※ 뒷면으로 이어짐

※ 답안지는 컴퓨터로 처리되므로 구기거나 더럽히지 않도록 조심하시고 글씨를 칸 안에 또박또박 쓰십시오.

전국한자능력검정시험 8급 답안지(2)

번호	정 답	1검	2검	번호	정 답	1검	2검
25				38			
26				39			
27				40			
28				41			
29				42			
30				43			
31				44			
32				45			
33				46			
34				47			
35				48			
36				49			
37				50			

사단법인 한국어문회 · 한국한자능력검정회   0 8 1

수험번호 □□□ - □□ - □□□□   성명 □□□□□

주민등록번호 □□□□□□ - □□□□□□□

※유성싸인펜, 붉은색 필기구 사용 불가.

※답안지는 컴퓨터로 처리되므로 구기거나 더럽히지 마시고, 정답 칸 안에만 쓰십시오.
글씨가 채점란으로 들어오면 오답처리가 됩니다.

전국한자능력검정시험 8급 답안지(1)

번호	답 안 란 정 답	채 점 란 1검	2검	번호	답 안 란 정 답	채 점 란 1검	2검
1				13			
2				14			
3				15			
4				16			
5				17			
6				18			
7				19			
8				20			
9				21			
10				22			
11				23			
12				24			

감독위원	채점위원(1)		채점위원(2)		채점위원(3)	
(서명)	(득점)	(서명)	(득점)	(서명)	(득점)	(서명)

※ 뒷면으로 이어짐

※ 답안지는 컴퓨터로 처리되므로 구기거나 더럽히지 않도록 조심하시고 글씨를 칸 안에 또박또박 쓰십시오.

전국한자능력검정시험 8급 답안지(2)

번호	답 안 란 (정 답)	채점란 1검	채점란 2검	번호	답 안 란 (정 답)	채점란 1검	채점란 2검
25				38			
26				39			
27				40			
28				41			
29				42			
30				43			
31				44			
32				45			
33				46			
34				47			
35				48			
36				49			
37				50			

사단법인 한국어문회 · 한국한자능력검정회   0 8 1

수험번호 □□□ - □□ - □□□□   성명 □□□□□

주민등록번호 □□□□□□ - □□□□□□□

※유성싸인펜, 붉은색 필기구 사용 불가.

※답안지는 컴퓨터로 처리되므로 구기거나 더럽히지 마시고, 정답 칸 안에만 쓰십시오.
글씨가 채점란으로 들어오면 오답처리가 됩니다.

전국한자능력검정시험 8급 답안지(1)

번호	답 안 란 정 답	채 점 란 1검	2검	번호	답 안 란 정 답	채 점 란 1검	2검
1				13			
2				14			
3				15			
4				16			
5				17			
6				18			
7				19			
8				20			
9				21			
10				22			
11				23			
12				24			

감독위원	채점위원(1)		채점위원(2)		채점위원(3)	
(서명)	(득점)	(서명)	(득점)	(서명)	(득점)	(서명)

※ 뒷면으로 이어짐

사단법인 한국어문회 · 한국한자능력검정회   [0] [8] [2]

※ 답안지는 컴퓨터로 처리되므로 구기거나 더럽히지 않도록 조심하시고 글씨를 칸 안에 또박또박 쓰십시오.

전국한자능력검정시험 8급 답안지(2)

번호	정 답	채점란 1검	채점란 2검	번호	정 답	채점란 1검	채점란 2검
25				38			
26				39			
27				40			
28				41			
29				42			
30				43			
31				44			
32				45			
33				46			
34				47			
35				48			
36				49			
37				50			